創造的空への道

統合・信・瞑想

八木誠一
Yagi Seiichi

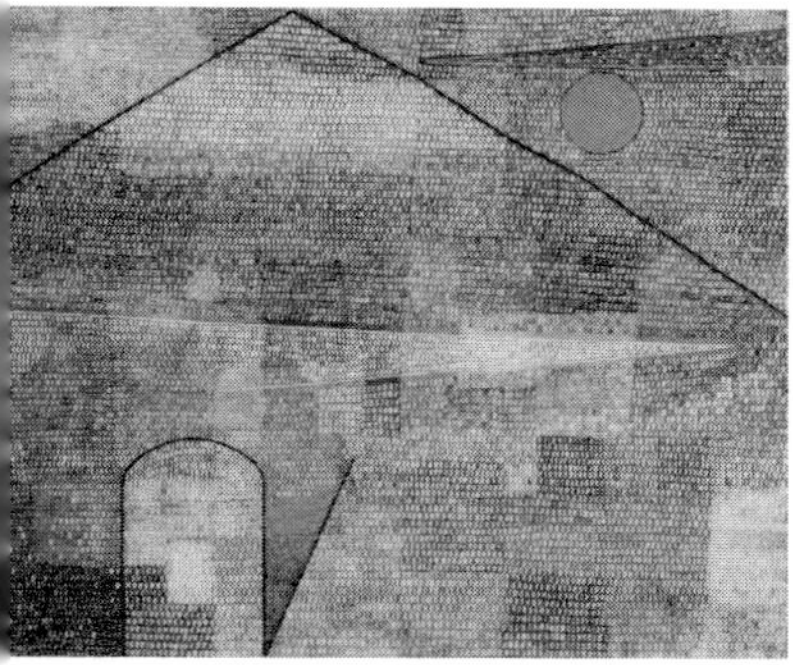

ぷねうま舎

装丁＝Bow Wow 矢部竜二

はしがき

キリスト教は人間の救済に関する限り唯一絶対の真理だと主張してきたが、実はイエスが見出し、生き、宣べ伝えた純正な宗教、とりわけ現代人にこそ語られなくてはならず、現代人にも心から受け容れられる真実を、正しく伝えなかった。イエスは宣教開始後三年も経たないうちに無理解なユダヤ教徒によって死に追いやられ、イエスを正しく理解しえなかった弟子団は、「神の国・神の支配」を説くイエスの宗教ではなく、イエスを救い主とする「キリスト宣教」を創始した。イエスの「神の国・神の支配」は、「信徒の内に生きるキリスト」として宣べ伝えられた。そして第二回目の変質は、キリスト宣教がローマの国教となったときに起こった。ここでキリスト教は、誰をも「信徒」にすることができ、信者と非信者とを見分けるにも便利な教義主義（教会主義・教条主義）に陥った。しかし現代では、教義をそのまま信受せよというほうが無理な状況になって、教会を訪れる人が減っている。

若くして殺されたイエスは、見出した真実を十分に展開することも、弟子たちを教育して正しく伝えることもできなかった。イエスの宗教は本来どのようなものだったのか。イエスが見つけて語った真実に触れ、それを現代の言葉で語ったらどのようになるのか。私はこの問題と取り組むこと六十年、最近になってようやくその全貌が描けるようになった。それは「ローマの国教」を継ぐ伝統的キリスト教からは反逆に見えるだろうが、実は源泉に復帰し、その内容を現代の言葉で語ったものである。

ところで、「イエスが見つけた真実」、換言すればそこで成り立つ人間のあり方に関心を抱いた人々からは、そのあり方に到達するには具体的にはどうしたらよいのか、という問いが寄せられた。実は、それは私が研究を発表したごく初期から繰り返し発せられた問いである。この問いに答えられなければ、私の研究は不備の誹りを免れない。その答えにようやく辿り着いたのは最近のことである。それは、「省察と信と瞑想による自覚」ということだ。それが本書の中心である。序文としては異例だが、以下にそれを略述する。

信とは具体的にどういうことか。それは「君たちのなかではたらいて、（君たちの）はたらきと意欲とを成り立たせる神」（『ピリピ書』二章13節）への信である。詳しくは本書を読んでいただきたいが、信とは不可解な教義を、それでも疑いを抑えて信奉することではない。まずは客観的にも確認可能であり、主体的にも自覚可能・了解可能な「統合体形成作用」への信である。原始キリスト教的宣教の中心は、「罪に支配されるあり方から、わが内にキリストが生きるあり方」への転換、つまり罪の支配力の克服である（『ローマ書』七章17－20節と同八章2節、および『ガラテヤ書』二章19－20節とを比較せよ）。

ところで、「わが内に生きるキリスト」のはたらきとは、「キリストのからだとしての教会」（人格共同体）を形成する作用にほかならない（『Iコリント書』一二章参照）。信徒にはそのはたらきを、みずからの内に自覚して現実化することが求められている。

さて、「キリストのからだとしての教会」の構造は、「統合体」として一般化することができる。それは、「差別も断絶もない円満なコミュニケーションシステムとしての人格共同体」だ。「統合体」形成は、実は客観的世界にも見られるはたらきであり（原子、太陽系、生体など）、人間には「きよらかな、やさしいこころ、平和への願い、自分の不利になっても真実を求め語る誠実さ」等として現れる。つまり客観面にも、人間の主体面にも、事実として確認可能なはたらきである。とすれば両者の共通の根源があるはずだ。ただし、それを客観的に見る場合と、主体的に自覚する場合とでは、語り方は同じではない。それは客観的には脳細胞のはたらきとして観察されることが、主体的にはこころのはたらきとして自覚されるのと類比的である。一方が他方を生むのではない。両者を同時に見ることはできないが、両者の関係は因果ではなく、変換というべきである。

本書では当然ながら、「主体の自覚」の道をゆく。具体的には瞑想のなかで統合心を掘り下げるのである。すると統合心の奥に、「創造的空」があり、これが統合心をつくり出すことがわかってくる。とすれば、そこからいえることがある。すなわち個々の人間のこころの奥底にある「創造的空」は、世界に見られる統合作用と、その奥底にある「創造的空」を映すということである。直接見ることはできないが、これは知に伴われた「信」である。

さて統合体形成作用はイエスのいう「神の支配」に、「創造的空」はイエスのいう「神」にそれぞれ対応する。これはイエスが、世界を超えて一切を無条件に受容する「神」(『マタイ福音書』五章45節)と呼び、パウロが「すべてのなかにあって、すべてを成就する神」と称した(『Iコリント書』一二章6節)現実である。この創造作用に触れたとき、無意味感・虚無感——キリスト者でも陥りがちな——が消滅する。

換言すれば信の裏面とは、「神のはたらき」を見失った「単なる自我」の我執・我欲・我意が滅びること、要するに「我《が》」の消滅なのである。

ところで「我」の成り立ちには、言語内容を実体化する誤謬が関与しているから、本書ではその説明に多くの紙面を費やすことになった(第一、二章)。それが前述の「省察」に当たる。一意的言語を用いる「単なる自我」の問題性を明らかにするためには、言語と自我にかかわる省察が必要である。ここで自我の正当な機能と、「単なる自我」の誤謬とが区別される。ただし省察と信と瞑想とは、以下のように、重なりあうものである。

誤謬から解放される道は、省察といい、信といい、瞑想といっても、それそのものが「単なる自我」の行為になりがちなので、それではいつまでたってもパウロが「内なるキリスト」と称したもの、すなわち本書でいう「統合作用」は露わにならない。「単なる自我」とは何かについて、省察によって明らかにするためにも、「内なるキリストの自覚」が必要なのである。それは「信」を通じて「自覚」されるのだが(第三、四章)、その自覚内容をさらに純化・深化するのが瞑想である(第五、六章)。だから瞑想は、他面では、「単なる自我」とは何かを明らかにする。つまり瞑想は、信において「おのずから」成り立ってくる真実を正しく見出し、見分ける営為なのである。そこに成り立つ自覚が、「真実」の知的内容であって、それはパウロ的宣教を超えてイエス独自の深さと広さに通じるものである。

以上は私自身の経験と研究を踏まえた結論であり、その正しさは、本来は多くの人の経験と検証に支えられなければならない、しかし私には、それを確かめる機会がなかったうえに、もう先が長いとはいえない老齢なので、これまでに明らかになしえたことを、本書にまとめた次第である。志のある後進の参考となることを願っている。

目次

第四章　統合作用・統合体・統合心　99

第六章　瞑想・信・統合　217

I　宗教と現代

第一章　宗教と「単なる自我」

1　自我の正常化

世にはマインドフルネスというものが流行っている。そのもとになったヴィパッサナー瞑想は無心・直接経験と自覚の大切さを教えるものではあるが、マインドフルネスは坐禅から宗教性を除去して精神安定法となった瞑想である。たしかにそれには、それなりの効果が期待できるのであろう。しかし、瞑想には遥かに深い可能性がある。

他方、瞑想が「修行」として理解されることがある。しかしこの際、修行一般が自我の強化を目指してしまう場合がある。自我の強化とは、知的・意志的能力の強化のことで、たとえば自我が理性と意志の力で自分自身を完全に制御しようと努めることである。この方向は儒教やストイシズムなどにも見られた。自我はこうして、修行の名のもとに自己制御の訓練を課したのである。このことは特にプロテスタントで「信仰のみ」の原則に反するものとして排撃されたが、それには後述のように十分な理由がある。

しかし瞑想、一般的に宗教的行《ぎょう》は、こうしたこととは本来逆のものである。自我の強化ではなく、「信」の場合と同様、我執・我欲・我意を棄てることである。といっても、それはしばしば誤解されるように、自我を滅ぼすことではない。後述のように自我は人間が人間であるための不可欠の条件であって、自我がなくなったら人間は人間ではなくなってしまう。そうではなく、人間性を破壊する我執・我欲・我意が滅びて自我が正常化されることが、瞑想そして一般に宗教の眼目なのである。では、我執・我欲・我意とはいかなるものか。これを明らかにするために私は、自我と区別して、「単なる自我」という用語を使うことにしている。

2　「単なる自我」と「自己・自我」

まず例を挙げると（詳しくは後述）、「単なる自我」とは、仏教が「無明《むみょう》」の自我と称してきたもの、つまり「悟り」を欠いた自我のことである。仏教では、無明の自我は煩悩《ぼんのう》に支配されているという。他方、新約聖書では、「内なるキリスト」（聖霊といわれることもある）を知らないまま、罪の力に支配される自我（『ローマ書』七章7－13節）がそれに当たる。それは悪事をなすというよりは、まずは直接に律法の言葉に支配される自我のことである。それが罪の支配を招く（『ローマ書』七章1－19節）。はじめはパリサイ人として律法遵守に専念したパウロは、律法への固着から解放されて、「もはや生きているのは私ではない、私は死んで、キリストが私のなかで生きている」（『ガラテヤ書』二章19－20節）というようになった。単なる自我が滅びて、自我は、「内なるキリスト」（自己――後述）に生かされる自我となったのである（自己・自我――後述）。実はこれが自我の正常な形なのである。ということは、自我は――後述の意味で「自分自身から」はたらくことがあるのだが――一般に社会的規範や欲望（煩悩）に動かされるもので、両者ともに自我の正常な姿ではないということだ。いずれの場合も自由と自然が失われる。

それに対して、自我が「内なるキリストに生かされる」とき、これは新しい他律ではなく、「内なるキリスト」が「自分」になることだ。したがって、「内なるキリスト」を「自己」といえば、自我は自己に動かされ、自己を表出する。むしろ自己と一つになった「自己・自我」になる。実はこれは身体性・人格性の事柄である。

ところで「自己」はほかならぬ自分の本質だから、このとき自我は自由である。自由とは「単なる自我」の勝手気儘ではない。自我が「自己に由る」ことである。同時にここには、自我は「普通の意味での人間」を超えたものに動かされ生かされるものだ、という理解がある。キリスト者は、「内なるキリスト」に生かされ動かされるものだ。これを仏教徒なら仏心（浄土教の人なら、私の願《がん》となった弥陀の願）というだろう。この場合、自我は「内なるキリスト」を表現するものとなり、こうして「私の生」は、「キリスト」の、この世における現実性となる。だから「私にとってキリストとは、私が生きることだ」（『ピリピ書』一章21節）といわれるのである。これは、上記のように、「内なるキリスト」が自分となることだから、「内なるキリスト」こそが自己だといえる。すると自我は自己に動かされ、自己を表現するから、本書はこれを「自己・自我」というわけである。

「自己・自我」の自我が、我執・我欲・我意に支配されず、下記のように直接に情報に規定されることもなく、「自己」の表出として、いま・ここで何をすべきかを判断し選択するのである。要するに、自我が何によって動かされ、何を表現するかが問題の中心である。

さらに以上によって自然と人為との区別があらためて明らかになる。単なる自我の営為は、たとえ倫理的であろうとも「人為、作為」であり、パウロのいう律法主義的自我の営為である（親鸞はこれを自力作善《じりきさぜん》とも呼んだ）。それに対して自己・自我の営為は、「自然」である。親鸞のいわゆる自然法爾《じねんほうに》である。これは法（わが身に及ぶ弥陀の願力）がそうさせるからおのずとそうなる、ということだ（親鸞『末燈鈔』五）。因みにこれはイエスの言行に典型的に見られるところである。頻出する用語として概念化されてはいないが、アウトマテー（「おのずから」『マルコ福音書』四章28節）がこれに当たる。これは「神の支配」と一つ（作用的一）になった「大地の自然」である。イエスにはこれがあった。しかしマタイもルカも、理解できなかったのであろう、事柄としては決定的に重要なこの箇所を削除した。それ以後のキリスト教もほとんど理解していない。

3　情報と自我、倫理的自我と宗教

さてあらためて言い直すと、「単なる自我」とは、（自己に目覚めないまま）「こうだといわれてそうだと思い、こうしろといわれてそうする自我」、あるいは「世のなかではこういうことになっていると教えられて、そうだと思い、そうする自我」のことだ。その一例が上記の律法主義的自我であったわけである。つまり与えられた情報にもとづき、情報ないし通念に動かされる自我のことだ。やがては単なる自我とは人工知能の指示どおりに判断し行為する自我のことにもなるだろう。

一般に「情報」とは、「どうなっているのか」という問い、また「ではどうすればよいのか」という問いへの答えのことである。すると単なる自我は、もっぱら与えられた情報にもとづいて考え行動する自我ということになる。しかし、自我は情報の正しさについて、できる限りの検証作業を行うとは限らない。むしろそれは省かれるのが常である。このような自我は、たとえばカントの立場から見れば、「他律」に陥っているから倫理的にも不当なのだが、他方ではカント的な自律の構造にも問題がある。実は行為とは、カントがいうように実践理性の自律というだけではすまされないものなのだ。理性には自律性と普遍性があるから、実践理性は単なる自我の知性とはたしかに違うのだが、「自己」に開かれてはいない。ここに倫理（自我に対する規範）と「自己・自我」を語る宗教との違いがある。

いずれにせよ単なる自我は、まずは情報にもとづいて考え行動するから、それ以外の現実には開かれていない閉鎖的・自足的な情報処理機構となっている。「自己」に目覚めていないだけではない。自我は「自己」のはたらきをいわば抑圧し、覆ってしまうのである。これは単なる自我のように他律に陥らず、「自分で考えて、普遍性のある行動を選ぶ――カント的な――倫理的自我」の場合も同様である。それは自律といっても、実践理性つまりは「自我の知性と意志」の支配であり、「自己」に目覚めてはいない。その徴《しるし》は、「自己」に由る自由がなく、身体性（生の自覚）が希薄で、「実践理性」が優位に立つことで、全人格的自然が見えてこないということだ。

3・1　パウロの場合――律法主義の問題性

たとえばパウロの場合、否定される自我は、「律法は神から与えられた行動規範」（情報）であるゆえに、直接「律法」（現代では他律的な倫理規範）に規定され支配されて行動する「自我」である。実は律法にはいわば奥がある。律法はもともと、パウロ的にいえば、「内なるキリスト（自己）のはたらきを表出する行為」の基準型なのである（イエスの「人の子」は、パウロの「内なるキリスト」に相当する。『ローマ書』一三章10節、『ガラテヤ書』五章22－24節、『マルコ福音書』二章27－28節参照）。それに対して単なる自我は「自己」を知らないままで、与えられた律法を遵守する。だからそれを忠実に行えば行うほど、自我は自己から遠くなり、律法遵守は自己、すなわち「内なるキリスト」のはたらきの自然な表現ではなく、努力（難行苦行）する自我（単なる自我）の業績となってゆく。このとき自我は自我自身を見つめ、他人と比べて絶望したり、反対に自分の業績を誇ったりすることになる。イエスの例話に現れるパリサイ人がそうだった（『ルカ福音書』一八章9－14節前半。14節後半はルカによる）。パリサイ人時代のパウロもそうだった（『ガラテヤ書』一章14節参照）。一般にこのような他律的倫理規範の強要と身体的自然の抑圧は単なる自我を目覚めさせ、その競争心と自惚れはさらに悪念を呼び寄せる。『ローマ人への手紙』七章はこの間の事情を語っている。律法違反に罪を見ている伝統的キリスト教にはほとんど理解されていないが、「律法がむさぼるなといわなければ、私はむさぼりを知らなかったであろう」（『ローマ書』

七章7節）とは、以下のような事情を語っている。すなわち、むさぼりを抑圧しようとする単なる自我は、努力すればするほど、自分の行為だけに関心を集中して、律法的完全を達成しては安心し（保身）、誇っては自己栄化に陥ってしまうのだ（自分の宗教熱心をひけらかす偽善者。『マタイ福音書』六章1－6節参照）。保身と栄化への志向とは、エゴイズムではないか。エゴイズムであればこそ、この志向はこころのなかに、当人の意に反して、もろもろの悪念（『ローマ書』一章26－31節参照）を生むのである。外的な律法違反の行為だけが問題なのではない。パウロは律法的行為については落ち度がないといっている（『ピリピ書』三章6節）。こころに悪念を生み出す構造が問題なのだ。こうして律法に直接拘束される営為は、外見上は善行を積みながら、実は「罪の力に支配される」ことにつながる（『ローマ書』七章7—9節）。要するに問題は、自我が「内なるキリストのはたらき」に目覚めないまま、まずは直接に、またもっぱら他律的情報にもとづいて思考し行動するところにある。その事情を、さらに以下に述べる。

人間は誰でもこの世に生まれて、「これは、こういうものだ」、「この場合は、こうすることになっている、こうしなくてはならない」という通念を学習して社会の一員になってゆく。その際、これらの認識の根拠は示されないのが普通である。だから人間は誰でもまずは、情報の正しさの根拠も、むろん自我を超える深みをも知らないまま、与えられる情報にもとづいて——やがては人工知能の指示にもとづいてということになろう——知り・行動する「単なる自我」になる。つまり自由（自己に由ること）を喪失した自我となって成長し、さらに多くの場合、そのまま「善良な」市民として普通に暮らし、老いてゆくものである。それはそれで結構なことだが、いつもそうだとは限らない。自分を支配する不可解な「悪」に気づく人が現れる。問題が顔を出す。これはキリスト教が、すべての人は生まれながらに原罪を負うと宣告してきた事態である。原罪とは、まずは言葉を語る自我が成立したことだ。そこから直接、言葉に規定される単なる自我が成り立つ。もっとも伝統的キリスト教は、原罪をもアダムが神の命令にそむいた「違反」に還元して、上記の事情を見失っているのが常である。それはパウロにも見られることだ（「違反」『ローマ書』五章14節）。パウロには律法違反を罪とする伝統的な考え方と（『ローマ書』三章21－26節）、律法主義を罪とする考え方とがある（『ローマ書』七章）。前者はユダヤ教＝エルサレム原始教団に由り、後者はパウロ自身が展開した理解で、「法的贖罪論」を持たないヘレニズム教団とも一致する（ヨハネ神学が典型）。それについてさらに詳論する前に、そもそも自我とはいかなるものかを、あらためて明らかにしておかなくてはならない。

4　自我の機能

自我とは、もちろんまずは「私」のことである。私とは何かを考えたり行ったりしながら、それをしているのは私だと知って、それを行っている当のものである。つまり自我には自意識がある。自意識は自我には不可欠のもので、自意識があるから自我には自己認識・自己制御が可能になる（誇りも可能となる）。さて、自我の中心的機能はいま・ここでの行動の選択である。どんな状況に置かれていても自我には可能な選択肢があるもので、そのなかから何を選ぶかを決めるのが自我である。自我は人間に不可欠のものであって、自我が消滅したら人間は人間でなくなってしまうという所以である。

なお、ここで一言付け加えるならば、選択の余地がないか、あるいは選択を強制されるとき、もっとも広い意味で「自由がない」といわれる。自由とはとりあえず選択の自由のことだ。しかしこの自由は放縦となる可能性がある。それに対して宗教的自由とは、既述のように「自我が自己に由ること」である（自己・自我）。結論を先取りすれば、自己・自我の本質は創造的自由である。そして創造的自由とは、自己・自我が「創造的空」の具体的表現となり、後述の統合体（パウロは「キリストのからだ」という）形成に参与することである。パウロはそれを「キリストが私を通して成し遂げる」といった（『ローマ書』一五章18節）。これは広義の自己意識だが、狭義には自我の「自意識」とは異なる。自覚とは、「自己」に目覚めることだ。自己が目覚めて自我に現れるといってもよい。このとき自己は自我を通してはたらき、現実となる。パウロが「キリストが私を通して成し遂げる」といった所以である。ところで人工知能は今日、自我に可能なことはたいてい、自我よりはるかに勝ってやってのける。しかし自覚は、コンピュータには原理的に届かないもの、人工知能に代行させることのできないはたらきである。むろん、他人に代行させることもできない。自分自身の根源つまり創造的空の自覚は、本人自身によるほかはないのである。

5　自我の知性と情報処理

さて自我は、選択に際して、普通は世間一般のきまり通りに行動する（きまり通りに選択する）ものだが、それが不可能なら、自分が置かれた状況を認識して選択を行う。この場合、自我（単なる自我）は「自己」からではなく、「自分から」行動する、換言すれば、自我は情報を集め、選び、秩序づけ、正しさや有用性を比較検討し、さらに選択の結果を予想して、最終的に決断するのである。この際、自我は情報を整理する。まず秩序づけ、さらに選択については下記のように優先順位を決める。すなわち情報とは、「事態はどうなっているのか」という問い、及び「ではどうすればよいのか」という問いへの答えのことである。しかし情報は単一ではないから、自我は与えられた状況のなかで集めた情報を処理するわけだ。情報処理とは、与えられた複数の情報から、そこに直接に語られてはいないが含まれてはいる、自分に必要な情報を取り出す操作である。たとえば詳しい地図を見て最適な行き方を見つけるというような、誰でも行っている日常行動のことである。

ところでこのような情報処理においては一般に――特に「単なる自我」の場合は――自分中心的に、自分の利益になるためにはどうするのがよいかという視点から情報処理がなされるので、ここに単なる自我の問題性があるのだ。つまり、単なる自我の問題性には、第一に情報（言語）自身が持つ問題性、第二にそれを利用しつつ選択する自我の問題性という、両方があるわけである。エゴイズムだけではなく、エゴイズムに利用される言語にも問題が伏在するわけだ。

6　情報処理の仕方

さて、情報処理について、自我（この場合は「単なる自我」とは限らない）には特有なやり方がある。それはもともと人間的自我に固有な方法であって、カントが『純粋理性批判』において感覚情報を概念化する認識について述べたように、認識する自我に与えられている能力といって差し支えないだろう。ここでは、特に自我の知性が言語情報を秩序づける際に使用するカテゴリーが問題になる。

自我は、まずは自分と他者と（主観と客観、私とあなた、私と社会、主体と環境など）を分けて、自分を中心に置く。つまり与えられた状況のなかで、自分中心的な自分を定立するのだが、それは一般にはあまり意識されていない。自我はさらに、個と普遍（集合、法則）、原因と結果（根拠と結論）、手段と目的というような枠組み、さらに実体、性質、作用のようなカテゴリー、また――これは先験的というより社会的・文化的なものだが――善悪、有用無用というような実践的・価値論的範疇を使って（後述）、情報を秩序づけ、選択に向かう。カテゴリー論的には異論もあろうが、私はここでは普通の意味での空間と時間を、情報をもっとも基本的に秩序づける仕方の一つに加えておきたい。複雑な情報処理に際しては、数学と論理学が用いられる。これによって数量化や演算、さらに整合的な体系化がなされる。単なる自我が大好きな比較と序列化も可能となる。

ここはそれについての詳論の場所ではないが、注意しておきたいことは、数学と論理学は情報処理上の先験的な秩序であって、客観的（経験的）に認識された法則ではないということである。因みに上記のような自我の知性による（数学的）情報処理については、コンピュータが絶大な威力を発揮する。その結果、コンピュータ化された社会では、このような処理に馴染まない「情報」は無視されてゆくことになろう。なお、以上で略述した「情報処理の仕方」は仏教でいう「分別知」（存在を分けて統一する考え方。悟りの知恵、すなわち鈴木大拙が「無分別の分別」、「般若《はんにゃ》の知恵」といい、本書で「創造的空→統合→いま・ここでの選択」と表現する知性のはたらきとは反対のもの）に相当することを注意しておく。

7　一意的情報言語の問題性

ここで簡単に、情報処理の問題性を指摘しておきたい。情報言語の特質として一意性がある。一意性とは、語についても文についても、「(1)AはAであって」、「(2)A以外のなにものでもない」という曖昧さを排除する性質のことである。いうまでもなく情報は――むろん正しくなくてはならないが――可能な限り一意的でなくてはならない。「ああかもしれないが、こうかもしれない」という「情報」は選択の役に立たないのである。さて、伝統的論理学は「AはAであって」、「非Aではない」に加えて「Aと非Aの間に第三者はない」という原則を付加しているが、これも語また文の一意性を保障する規則である。つまり、Aが非Aでなくても、Aでも非Aでもない第三者があって、Aがその第三者でもありうるとしたら、Aの厳密な一意性は成り立たないからである。よく知られているように、伝統的論理学は上記の三原則の妥当性について、「同時かつ同一観点から」という制限をつけている。同時でなければAは非Aになりうるし（子供は大人になる）、違う観点からは、同じものが違って見える（茶筒は上からみれば円で横からみれば長方形）。ということは、一意的言語は、厳密にいうと、特定の時点かつ特定の観点でのみ成り立つということである。

完全に論理的・整合的な体系は不可能だというゲーデルの定理は有名だが、一意性の言語は特定の時点・観点のもとでのみ成り立つという事実は、昔から明らかなのである。これはいかなることかといえば、一意性の言語（情報）は、実は狭い範囲でしか妥当しないということである。我々の主題との関係でいえば、情報は「いま・ここ」で選択する自我が問題とする「いま・ここでの選択」にとって有用なものだということである。

実際、因果論にせよ、それを逆転した目的論にせよ、世界全体、社会全体にかかわる一意的因果論、目的論、さらに長い将来にかかわる善悪・効用についての正確な見通しは、事実として存在しないではないか。天気予報も当てになるのは今日明日にかかわる情報である。さらに例を挙げよう。現代医学は大変に進歩していて診断も治療も確立している。しかし、一般的にいって、診断と治療は人体の一部一面についてはは妥当かつ有用だが、複雑で多面的・多層的な身体全体についての「因果論」はないといってよいだろう。つまり、身体のさまざまな諸側面については有用なことがいえるとしても、「こうすれば身体の全体が健康でいられて、決して病気にはならない」というような、「全身にかかわる一意的な健康法」は完成していないし、またこれからもしないだろう。こういうこともある。人間の能力については、その一部一面（たとえば、百メートルを何秒で走れるか）についてなら厳密に数量化して比較することができるが、人格の全体についての比較は不可能である。民族Aと民族Bの、あるいは男と女の、どちらが優れているか、というような比較論は、その内容を見てみれば直ちに明らかなように、到底信用できるものではない。これはまた、厳密性を追究する学が一般に専門分化してゆく理由でもあり、情報が細分化されてゆく理由でもある。正確な情報を求める日常的知性は現実を細分化し、一部一面だけを問題にする。それはまた、人間と世界がばらばらな面と部分とに分裂し分散してゆくことに通じる。しかも人は、その一部を全体に拡張する誤りを犯しやすいのだ。さらにこの場合、一意的言語・情報・思考には問題性がある。「一意的思考と情報は、それに反するものを排除する」という性質である。その結果、一意的認識に固執する自我にはそれに反する事実は見えなくなるし、見ようともしなくなるという特質があり、この傾向は常に顧慮されなければならない。

もっともこの点に関して考慮すべきことがある。それは、たとえば関数に時間を変数として組み込んでおけば、どの時点でも妥当する一意的認識がえられるということである。物理学はその初期からこの方法によって成功を収めた。測定可能な速度で運動する物体はどの時点でどこに存在するかを予測することができるようになったのである。一般に、多面的な現象の諸面を数量化して関数に組み込めば、一意的認識は特定の時点・特定の面に限って可能であるという制約を超えることができる。しかしそれは程度問題であって、複雑な事象を完全に解明できるということではない。それは換言すれば、以下のことを意味する。近代的自我には、事物の性質を知って望ましい方向に動かしたり変えたりすることができるようになった。それは科学的な知見を技術に応用して、軍事や経済システムに組み込むことによる。それはまずは比較的単純な事象についてなされるようになった。人は道具や機械を使うのだが、道具や機械は、いかに複雑でも特定の目的を達成するために製造されたもので（目的・手段の関係は一方的）、一意的に操作可能である（こうすれば、必ずこうなるという性質）。しかし、人間や社会や歴史の全体についてこのような操作を行うことは極めて困難、というより不可能である。というのは、以下に述べるように、現実の組み立て（関係）は——統合という現実も——相互的で一方的に決定できるものではないからだ。ここに機械と人間との根本的な違いがあるともいえる。相対的に独立性をもつ個が相関的に——つまり相互作用を営みつつ——運動する場合、「複雑系」となって予測は不可能となることが知られている。

それはこういうことでもある。一意的な認識と操作を求める自我の知性は科学において、それから軍事、経済、情報技術においても、非常な成功を収めた。科学と技術は、コンピュータないし人工知能を武器として進歩し続けてゆくだろう。一意的言語では処理できない政治、社会、経済（その全体性）も、部分的には進化し続けるだろう。そして、人間性の自覚にかかわる領域、すなわち文化と宗教、言い換えればこころの領域は、無視されてゆくことになろう。しかし、現実はもともと複雑で多面的なものである。その面を無視して築き上げられる文明は人間性を歪めることになるだろうし、すでになっている（後述）。

さて、なぜこのことを問題にするかといえば、自我というものは――与えられる情報に頼って――、とかく世界とは、人間とは、さらに自分とは、これこれしかじかのものだと一意的に断定して――ということは事実上、狭い領域に閉じこもって――、行動したがるからである。その中心には「私は私であって、私以外のなにものでもない」という自意識（むしろ我執）がある。自分とは何であるか、何をなすべきか、これは常に現在の状況、つまり他者との関係を踏まえ、自分を他者と将来に開いて、検討・修正しなければならないのに、それは大変な仕事だから、自我はとかくこうと決め、それ以外の観点を排除して安心したがるものなのだ。自我がこのような決定に安住してそれに固執すると「我執」が生じる。これは自我に特有の不安から生まれることで、これについてはなお以下で問題とするが、まずはここで注意を喚起しておきたい。

7・1　価値の序列化

なお情報処理にかかわって、そこには価値というものがある。これには大小、上下があって、自我の行動選択に際しては絶大な意味を持つ情報である。ここは価値――内容の高さ、豊かさ、製作に必要な労働の量や達成の困難さ、安全性や効用、人気や評判などを含む――とは何かを詳論する場所ではない。ただ最小限のこととして、「いい」（よい）とはいかなることかについて触れておく。これはおよそ「いい」という形容詞（場合によっては副詞。名詞化も可能）の用法を検討してみればすぐわかることで、「いい」とは、一般的にいえば内容の表示ではなく、選択に際して優先順位が上だという情報である。したがって、いきなり「よいとは何か」を問うても答えは出ない。むしろ何を「よい」というかが――たとえば文化の理解について――、問題の中心なのである。むろん、「価値」の内容を無視してよいということではないのだが、価値そのものの内容をいう前に、まずは右のように理解しておくことが重要だ。つまり「よい、悪い」もやはり「選択する自我」に必須の序列のことであり、それは道徳的な「価値」、経済的な「価値」についても妥当することである。ここでも「よい、悪い」は、一般にいま・ここ、あるいは事柄の一部一面についていえることで、全体・全面についての一意的な優劣位・序列としては妥当し難いことに注意を喚起しておく。実際、たいていの「よい」ことには、「悪い」他面があるものだ。

7・2　強制的選択と自由な応答

なお、自我は行動を選択するといっても、いわば強制的に、ほかに仕方がなくて選択せざるをえないことが多々ある。それは一般に変更不可能な制約や、支配と被支配、命令と服従、規則と遵守というような、実践的領域で動かしがたい秩序が存在する場合である。社会的秩序は規範化されているものであって、この秩序（上下の秩序を加えて）は主として後天的なものであるとはいえ、動物の行動を見ていると、一定の構造のある集団をつくって生きる動物には、このような秩序づけの傾向は先天的に与えられていると思われる節がある。

さらに付け加えておくべきこととしては、自我には、語りかけられて応答をする能力があるということだ。実はここには全人格性、人間性の本質が関与していて、自我だけの事柄ではない（自己・自我の関与がある）のだが、応答をするか否かも「選択」のうちだから、ここに自我が関与していることは確かである。正確にいえば、応答の選択に際しても、自我のいわば奥にあって自我を動かしはたらかせるものがあるのだが、それは本書全体の主題に属する。

7・3　一意性の支配と現実の構造との破壊

さらに自我の問題性を指摘しておく。それは以上に述べたような、自我に特有な一意的秩序づけは、世界と人間の実際の「組み立て」と等しくはないということである。たとえば、自然の世界には自然の秩序がある。自然は人間のためにあるのではない。だから自然を、人間にとっての有用性や「目的・手段関係」によって秩序づけ、序列化して人間のために利用するならば、それは自然のありよう（元来の組み立て、個体相互間の作用関係）を歪め、破壊することになる。また、現在では徐々に常識化しつつあることだが、人体の構造は――諸臓器はもちろん、脂肪や筋肉や骨を含め、細胞レベルにおいてさえ――、相対的に自立的な部分同士が相互にはたらき合い、依存し合って成り立っているコミュニケーションシステム（本書でいう統合体）であり、決して一部（たとえば、脳）が他を一方的に支配しているのではない。したがって、人体の構造を「一意的に」序列化すること（いわば幾何学的体系のように叙述したり、機械と同様に制御したりすること）はできない。同様に、これは次章以下の主題だが、人格の共同体も統合体であって、国家群や単一の国家にせよ、家族や地域社会や機能集団にせよ、ある人間（たち）が、他の人間を自分中心に、つまり一意的に秩序づけ（支配－被支配、命令－服従）、もっぱら自分（たち）に従属させるのも、人間のあり方を歪め、破壊するものである。一意的な意味づけと秩序形成は、特定の時点、また現実の一部一面で妥当するものなのに、その秩序が永続的に一般化されれば、統合（相互性）を本質とする現実の組み立てに反するのが常である。そもそも一意性を求める自我の知性は、不当に一般化されれば、現実の組み立てを破壊するものだ。一意性を求める知性の絶対化は、単なる自我が自分中心的に他者支配を求める志向と一致している。

7・4　等価交換

なお詳論は省くが、コミュニケーションの基本である交換についても、一意性は「等価交換」として現れる。実際、等価性は交換また応報の原則であり、正義と公正の基本である。しかし人格関係においては無償の贈与や無条件の赦しがあるものだ。これは強制すべきものではなく、自由の一面である。次章に述べる統合（コミュニケーションシステム）においても等価性は交換と応報の基本であるとはいえ、「創造的空」にもとづく「自由」においては、等価性は失効しうるのである。ここにも一般の自我の知性と宗教的な「自己・自我」との違いが現れている。このような自発性には、実際上でも大小の社会的集団の歪みとそれにもとづく苦しみを癒す力がある。

第二章　「単なる自我」の問題性

1　「単なる自我」とエゴイズム・ニヒリズム

前章までのような理解に立つとき、自我は人間存在にとって不可欠の機能であるとはいえ、人間の問題性は「単なる自我」に集約されると言いうる。繰り返すが、新約聖書が「罪の力に支配される自我」と言い、仏教が「煩悩的自我」というのは、「単なる自我」のことである。それは、上述のように、単なる自我は、現実の深み（内なるキリスト、仏心）のはたらきを知らぬまま、もともとは「いま・ここ」でしか妥当しない思考のカテゴリーを用いて、現実全体を自分中心的に組み立てて支配しよう試みる。その結果、かえって自分自身と現実本来の組み立てとを破壊し、そのような営為は当然ながら争いを生む。これらについて本章で取り上げるが、それにあたってなお踏まえておくべき次のような異常がある。

1・1　我執、その一　罪理解

「単なる自我」には認識能力があり、さらに自意識もあり、自分自身を、また自分と他者（世界、人間社会）との関係を一意的に決定しようと試みる。その自意識は「私は私である」と認知し、自分で構成した「私」に固執する。それは我執である。そして、それは以下のように我欲を生む。自我の自意識が深まって、自分を見つめ始めると、「単なる自我」は自身のなかに自分を永続的に支える根拠も目的もないことに気づくのである。

もともと一部一面にしか妥当しない枠組みを使って、人間と世界、なかんずく自分自身の全体を把握再構成しようとして、壁に突き当たるといってもよい。「私」とはこの自我だ。しかし人間とは何か、世界とは何か、それはわからない。そもそもどうして私がこの世に、この場所に、私として存在するようになったのか、どうしてこの身体が私なのか、どうしたらその存在を維持できるのか、これからどのように、また何を当てにして生きたらいいのか、皆目わからない。自分の生命も、自分が暮らす世界の安全も、保障されていない。いつ病気になるか、怪我をするか、災難にあうか、争いに巻き込まれるか、死ぬかわからないし、そうならない保障はない。

要するに自分を見つめる単なる自我は、虚無の深遠をのぞき込み不安になる。それははなはだ不愉快だから、人はなるべくそうした問いを回避して、誰もがそうしているように生き、不安と虚無を見つめずに済むよう心がける。単なる自我は、自分の生活のために配慮するばかりではない。仕事や趣味や娯楽や勝敗に専念して自我の不安定性を忘却しようとする。人が静寂と孤独を恐れるのは、その不安を見たくないからではないか。

しかし、いったん世界と自分の虚無という事態に気づいた人間は、もはや単に通念に従って生きることはできない。すると自我は「自己」に目覚めないまま、自我の「自力」で、みずから構成した自我を立て、それを守ろうとするのである（我執）。こうして自我は、「自分から」はたらき、自分を動かし始める。通念に従うのが単なる自我の消極面だとすれば、自力による努力は単なる自我の積極面（後述）である。

こうして一般的には、社会的に認められ、強者にすがり、「宗教社会」では「神」（とされるもの）に認められて、保身をはかる。因みに、新約聖書はこれらをやはり「自分から」（「おのずから」とは異なる「みずから」）という。『ヨハネ福音書』は、「イエス」と神の一性とを明らかにするため、「イエス」の言行は「自分から」ではないとして表現する（五章30節等多数）。一般に正しく理解されていないが、「ヘコーン」（『Iコリント書』九章17節）も「自分から」の意である（大方の訳とは違って、ルターはさすがに正しく訳している——後述）。

この意味での自力は、倫理的努力に向けられた場合、親鸞が「自力作善《じりきさぜん》」と称した営為となるから、いかに努力しても宗教の本来に達することはない。イエスの眼には、律法学者の努力が「自力作善」に見えた。パウロが律法の業《わざ》（『ローマ書』三章28節など）と称したのもこの努力のことである。ただしパウロは他方で、罪とは律法違反のことだとする、ユダヤ教から受け継いだ罪理解をも語るので、特に伝統的キリスト教には、自力を不可とするパウロの真意が正しく伝わっていないうらみがある。以下に「自分から」はたらいて自分を動かす自我の一般論を述べる。それは保身の分析でもある。

1・2　我欲・我意

「私は私である」と認識してその私を守ろうとする「単なる自我」は、まずは何かにすがって安心を求めるものだ。上述のように、虚無に直面した単なる自我は、不安となり、消極的には安全と保身を、積極的には自己強化を求めるのである。他人のことは考慮に入らない。これについては、動物一般に共通する強力な自己保存本能の残滓が関与しているのだろう。しかし人間世界では、それはまず人間的な形をとる。

さて、「ある」には三つの面がある。「……がある」、「……である」、「……になる」の三つである。第一は自分の存在、第二は社会での地位、第三は能力（一般に力）にかかわる。すると保身と自己強化には三つの方向があることになる。存在を保障するためには「財産」が、地位を保障するには「地位、信用、名声」が、なりたいものになるためには「力」（能力と権力）が必要だ。人間が昔からカネと名誉と（権）力を求めてきたのはそのためである。この志向（欲望）には限界がない。これが「我欲」的なエゴイズムである。

つまり人間の欲望は先天的・自然的なものではない。元来はそうであったとしても、それは「我欲」によって無限に膨らむのである。それには、もうこれで安心という限界はないからだ。一般に――いわゆる倫理や宗教でも――諸悪の根源は欲であるとされるが、必要なものを求める自然な欲望を強欲（貪り）に変えるのはエゴイズムである。こうして「自分から」（自力によって）自分を立てようとする自我は、自分がつくり出したエゴイズムに捕らえられ、駆り立てられて、その奴隷となってゆくのである。

こういうこともある。人間には自意識（記憶もその内である）がある。いったん味わった楽しみは忘れずに反復しようとする。そうなると人は――虚無を忘れるためだけではなく――楽しみのために楽しみを求めるようになる。いわゆる「幸福」を――幸福とはいかなるものかを知らぬまま――求めるといってもよい。

ところで以上のような志向は、別々に現れるものではない。人は通常、それらをいわば一つにまとめる。具体的にいうと、自分のあるべき姿、なりたい形を設定して、それを実現しようと努める。そしてそれは、自分の将来に関する配慮という形をとる。ハイデガーは『存在と時間』においで配慮は人間存在そのものだとしているが、それに対してイエスは「生きるための配慮をやめなさい」という（『マタイ福音書』六章25節）。ここでは「単なる自我の配慮」つまり煩悩と、「自己・自我」の自－他への配慮とを厳密に区別しておかないと、宗教の正確な理解には達しないことに注意するべきである。

以上は虚無に脅かされるエゴイストの姿である。さらに一言注記するなら、エゴイストとは他人を顧みず自分の利益しか考えない人間のことだが、自我中心主義（egocentricity）ということもある。これはエゴイズムに含まれるもので、他者を無視するだけではなく、さらに積極的に現実を自分中心に構成しようとする志向のことである。これを「我意」という。

さて、ここで特記しておきたいことがある。それは、一意的言語は自我中心主義にとってはただ便利で有効だということである。単なる自我は、まずは「私は私であって、私以外の何者でもない」という仕方で自分を認識し定立する。そもそもこれが、一意的言語による自分自身の定立である。さらに自我は他者（特に自然界の事物。人間界の事柄でもありうる）の性質を認識して利用するのだが、その際、利用・操作・管理ないし制御するためには、「これはこれこれこういうもので、こうすればきっとこうなる」という知識、つまり事物についての一意的な認識が必要であり、有用でもある。したがって一意的言語は、自我（自我たちの集団を含む）定立、他者認識、他者利用、他者支配の不可欠の道具となるのである。

1・3　我執、その二　虚構

自我の強化を求める自意識的な人間は、さらに自分を他人と比較する。一意的言語によって、自分に都合のよい（公正とはいえない）価値の序列（非円環的・直線的系列）をつくり、勝って喜び、他者を見下して自惚れる。「単なる自我」は、自分が自分にとって肯定できるもの、価値あるもの、賛嘆できるもの、他人に勝り誇れるものに見えることを望み、それができたときに至福を感じるものだ。

それに反して自分の否定は「私は私である」と称するエゴイストの自殺であって、忌み嫌われる。そもそもなんらかの意味で自分が否定されれば、ひどく傷つくのである。いうまでもなく自分で定立した自分も、その存在理由も、失われるからだ。だからエゴイストは一般に自己否定を嫌い、自分に都合のよい主張（情報、認識、理論）を真実と認めたがる。このことがどれほど世に害毒を流すかわからないほどだが、これはどこにでも見られる事実である。

単なる自我はなかんずく自分自身を空想的に美化してそのイメージを真実だと思い込みたがる

のだが、それも自己維持のためである。後者は普通に「誇り」とか「面子」と呼ばれるもので、この志向は上記の我執我欲の一部でもある。ここにも動物一般に共通する自己保存の本能が関与しているのだろう。しかし動物一般とは違って、人間の場合は勝つことが自己目的になる。勝つといってもそれは一部一面でのことに過ぎないのに、人はその一部一面を全面だと思いたがるのである。自分の力で勝てない人は強い他者に頼って勝つことを求め、自分が頼る他者が勝つことを求め、それによって自分の安全をはかる。それもできない人は空想的に自分を美化して満足を求める（虚栄、虚構）……以上のようにして単なる自我は自分を立て、押し通し、自分の安全を守り、自分の意志を他者に認めさせ、押しつけようとする。ここでは我執と我欲と我意が一つになっている。我執は自分の存在に、我欲は自分の所有に、我意は他者支配に向かうわけだ。

この場合、「自惚れ」と、自分が拠り頼む「強者への依存と誇り」と、事実を無視する「虚構」の三つは、同一人が兼ね備えているのが普通である。特に空想的な自己栄化は、上記第三の場合だけではなく、そのすべてに共通するものだ（自分の過大評価）。空想的な自己栄化は、虚無に脅かされた単なる自我の絶望の裏返しでもある。

序でながら人間には安全幻想があって、そのために危険にすぐさま対応することを怠るという事実が指摘されるが、これは傲慢、高慢につきものの「慢」（必要な注意をゆるがせにすること）でもある。傲りの自己栄化には慢という落とし穴があるのだ。自己絶対化をあえてする集団には、この「慢心」があって自己改革を不可能にしている。もっとも、安全幻想は自我がパニックに陥らないように守る先天的な機構に属しているのであろう。危機に際しては、大丈夫だ大丈夫だという、おそらくは無意識の領域から出る信念が、脅かされる自我を「安定」させようとするもので、いわゆる臨死体験に属する幸福なイメージもこれに属すると思われる。これはエゴイズムと結合するとしても、元来は単なるエゴイズムとは区別されるもので、まだ歴史が浅く脆弱な人間的自我の自衛機構というべきだろう。

2　「単なる自我」と現代

2・1　言語

人間は、いつから「単なる自我」となったのであろうか。それを特定することは不可能だが、考える（情報処理）とは普通言葉を使って考えることを意味するから、言葉を使う自我となって以来のことであるのは間違いない。そもそも自意識的な自我は「私」という言葉によって、また「私」という言葉を使うことによって成立するのである。

また右に触れたように、自我は私という言葉を使うとき、言語情報の一意性にもとづいて「私は私であって、私以外の何ものでもない」という「自分理解」を持つようになる。すると一意的な言葉が定立する「他者性の排除」にひきずられて、私は「私自身によって」私である、という自分理解をも抱き、エゴイストになる。この点からも、言語一般への考察があらためて必要とされる。言語はコミュニケーションを可能とするのだが、それによって言語が仮構する世界も成り立つのである。

2・2　記号

さて情報とは主として言語情報である。一般に自我とは――「単なる自我」を含めて――、言葉（まずは日常言語）の使用によって成り立つのだから、自我を考えるに際しては、ごく簡単に言語に触れておくことが必要である。言語とは一般にコミュニケーションのための記号の体系だと理解されている。記号とは、たとえば「イヌ」という語の場合、イヌという発音と字（仮名でも漢字でもよい）は記号表現と呼ばれる。記号表現は感覚可能（見える、聞こえる、触れられるなど）で、かつ他の記号から区別されるものでなければならない（一意性）。

さて、記号表現には意味が結合している。それはイヌの場合なら、犬に関する一般的なイメージであり、社会的通念である。これは記号内容と呼ばれる。そして記号表現も「記号表現と記号内容の結合」も、広義の約束にもとづく。つまりある言語集団は、たとえば一定の動物を「イヌ」と称すると「約束」（いつしか成り立った合意）するわけであって、だから他の言語集団がそれを「狗」と呼ぼうと、ドッグと呼ぼうと、その他なんと呼ぼうと差し支えない。またその記号内容も言語集団によって異なりうる。　記号にはさらに指示対象がある（記号対象と呼んだほうが正確である）。それはイヌの場合なら、イヌの実物のことだ。さて、記号は意味を伝えるわけだが、意味の伝達は、発信された記号（記号表現）が、それを受け取る人の側に、それと結合した意味を呼び起こすことによってなされる。つまりコミュニケーションは言葉（一般に記号）を知っている人の間で可能であることになる。この際、意味を伝達する側と受け取る側には食違いのあることが普通だが、ここでは詳論は省く。

言語は記号の体系だというとき、言語は単なる語の集合ではなく、基本的に文であり、文には文法がある。そして文法も、少なくともその表層では約束事である（チョムスキーは、文の深層には普遍的構造があるという）。さて、人間は言語を使用することで文化を発展させてきたのはいうまでもない。ここで言語の使用にかかわる一つの問題性を指摘しておかなければならない。我々の日常世界は言語使用の世界である。現代の社会生活は——現代だけではないが——言語によるコミュニケーション（合意の形成を目的とすることが普通）で成り立っている。それは、現場には語られる実物がなくても成り立つ意志の伝達で、そこに問題が発生する。

例を挙げる。樹に何かがいる。「あれはなんだい」、「ああ、あれはシジュウカラだよ」という会話がなされる。ところで、「あれはシジュウカラだ」とはどういうことだろうか。それは、互いがシジュウカラという語をなんらかの仕方で知っていて、答えを与えるほうは、「あれはシジュウカラという語の指示対象（実物）だ」といっているのである。すると問いを発したほうは「ああ、あれがシジュウカラ（の実物）か」と納得する。あるいはジュウカラとはいかなる鳥か、さらに問うことになるかもしれない。いずれにしても、シジュウカラだと特定する営為（認知）は、既知の語（記号）と社会的通念（記号内容）とを問題の対象にあてはめるという操作のことである。そして「ああそうか、判った」というとき、「判った」とは、記号対象に記号表現と記号内容——つまり通念——を当てはめること、前者を通念で「理解」するということにほかならない。

では記号内容、つまり通念はどこまで正しいのか。まず一般論をいえば、記号内容も一意的であることが望ましいのだが、この場合も、記号内容は現実の一部一面しか言い当てていないのに、実際には全面を言い当てているものとして用いられている。

2・3　命名

ここでコメントしておきたいことがある。シジュウカラという語だが、これははじめからシジュウカラといわれる鳥がいるから、そう呼ぶことになったのではない。人々が、他から区別可能な対象を切り出して、それを際立たせ、シジュウカラと呼ぶことにしたのである。これはなかんずく、フェルディナン・ド・ソシュールが主張したことだが、命名とは一般にそういうものである。すると一般に「……とは何か」という問いに先立って、「何を……と呼んだのか」という問いがあることになる。前者は既知のものの意味内容をさらに詳しく問う問いだが、後者は命名関係、すなわちいかなるものを他から際立たせてそう呼んだかという、存在者と語との対応関係の問題であって、こちらのほうが根源的な問いである。

「いい、よい」について、問題はまず何をそう呼んだのかということだと既述したが、「神」についても同様である。「神とは何か」という問いに対して、「さあ見てくれ、これが神だ」と提示することはできない。「神」は一般に見えないことになっているからだ。したがって、「神とは何か」という問いに対しては、まずは「これこれの民族、宗教あるいは哲学では、神とはこのように理解されている」という答えが与えられるのである。

実は多くの言語に「神」という語があって、その意味内容には共通点があり、一般に「眼には見えないが、人と世界に勝る力があり、人に恵みと罰を与える、きよらかで畏《おそ》るべく、感謝すべき、尊い人格的な存在」とされている。しかし、人が客観的に神を認識して、神と命名したのではない。だから「神」を問題とするときは、人々がいったいいかなる現実に「神」という語を適用し、「神」と称したのかという問いのほうが根源的なのである。

この場合、「神」そのものは「見えない」から、人々はいかなる現実（経験される現実）に「神のはたらき、神の臨在」を見たのか（感じたのか）という問いのほうが、問いとしてはより重要であり先行する。そこから、「では、神とは何のことになるか」という問いが生じるわけである。

2・4　言語は事柄を代替する

つまり問題は言葉の意味が「解る」というところにある。一般に会話がなされるとき、その主題となる事柄は会話の現場にはない。ということは、言葉が現実を代表し、ある意味で現前させるということであって、これは誰でも知っている言葉の特性である。それは言語使用の現場で言葉が現実に成り代わっているということでもある。つまりは問題となる事柄自身が現場で経験されなくても会話は成立するということであり、言葉がいつのまにか現実そのものとして通用するということである。

この意味で言葉は仮想現実を構成する。ところで「通用する」ということがある。それは「存在」ではなく、社会的合意と裁可によって承認されている現実のことである。たとえば、よく「カネとは、カネと思われているもののことだ」といわれるが、この定義は厳密ではない。「カネ」とは、社会的合意と裁可によってカネとして「通用する」もののことで、その通用性は、紙幣の場合、日本においては国立の印刷所が製造し、日本銀行が発行することで担保されている。一般に社会的現実とは「通用する現実」であって「存在」ではない。

この事実はしばしば見逃されているが、社会の仕組み、たとえば社会の構造、地位や役職も、「通用する現実」である。「王」は「存在」ではなく、王として「通用する」人である。だから「王」として認められなくなれば、ルイ十六世のように廃位されてしまう。一般に社会的現実は存在ではなく、通用している現実である。カネ、言語、法律や倫理のような規範、風俗習慣、文化、価値観、みなそうだ。なかでも言語は、カネと同様、通用する現実の代表的なものである。しかも言語は普通、「存在」の内容を言い当てているものとして「通用している」。

2・4・1　現実と通念との乖離

言語とは、現実を代表する記号として「通用するもの」である。実は、通用することこそが言語の本質であって、実際にどこまで現実を代表しているかは問題ではない。また通用の正当性も検証吟味されているとは限らない。むしろ通用しているという事実が、その正当性の保障とみなされてしまう。それに気づいたことについて、私には忘れられない記憶がある。

その第一は戦争と敗戦の経験である。戦時中、日本は欧米に支配されているアジアの盟主たるべき優れた国で、日本人はアジアを守り指導すべき人間であり、侵略者である欧米人は日本を含めたアジアの安全を脅かす「鬼畜」的存在だから、日本人は「一億火の玉なって」侵略者と戦い、アジアから駆逐しなければならないと教えられた。当時この観念は日本国中で「通用」していて、反論は赦されなかった。しかしその通念は敗戦とともに、一夜にして「ひっくり返った」。日本人は劣悪非道な侵略者、英米は世界を全体主義から救った民主主義と基本的人権の旗手、日本が慎んで学ぶべき社会的・文化的先進国だということになった。

この経験は、「通念」なるものがいかに「実際」とは異なるかということを、骨身に沁みて教えてくれたのである。それ以来私は——日本人は欧米に追随すべきだという「通念」も含めて——、いかなる通念に対しても批判と吟味、つまり検証抜きでまるごと承認する気にはなれなくなってしまった。

第二の経験はそれよりは穏やかなものだったが、ある意味ではより身近であるだけに深刻なものであった。私は大学院生のときに、日本では遅れていた新約聖書学を学ぶためにある国に留学した。そしてしばらくするうちに、その国で「通用している」日本と日本人についての「認識」が、私がもっている認識とはかなり違うことに気づいたのである。「日本人」はこの通念に従って理解され、扱われ、さらにこの通念に従って行動することを要求された。実は、その通念は社会層によって異なることにも気づいたのだが、ある人々は、私は日本では大学教育が受けられないから先進国に留学しているのだと思い込んでいた。

これは恐るべき経験であった。私は日本についての彼らの「通念」を、ほとんど会う人ごとに、というのは繰り返し繰り返し、いわば無限に、修正する作業に従事する羽目に陥ったのである。

さらにこの経験は、日本人も他国と他国人について、いや日本についてすら、同様に誤った通念をもっていることに気づかせてくれた。それは「通念は一般に正確とは限らないもので、たとえ正しくても事柄の一部一面を表すに過ぎないのに、全体にかかわるものとされている」という事実である。

多くの読者は経験からして、ある人Aが他の人Bをどう扱うかは、Bが「何であるか」によらず、AがBを「何と思っているか」によって決まることをご存じだろう。多くの場合、不正確な通念的規定が人を扱う仕方を決定しているのだ。それがどんなに不当なものであり、苦しみのもとになっているか、不当な扱いを受けたことのある人は身に沁みて知っているだろう。さらにいえば、通常「自分」は、「自分」を社会的通念に従って「認識して」いるのであって、その認識（自意識）が正しいとは限らない。それは自分が自分を不当に扱って歪めているということでもある。これは自意識を精算して、正しい自覚が求められる所以の一つである。一般に通念は存在を歪めているというのが事実である。

2・4・2　仮装現実としての通念

さて以上は通念、というより言語についての反省の第一歩であった。しかし現実のありのままと、通念（言語化された現実）とがいかに異なるかが直観的に明らかになったのは、いわば言語以前が顔を出した「直接経験」によってである。それについては後述する。要するに、通念はまさに通念として抵抗なしに受け容れられるから、一般に気づかれていないが、通念（むしろ日常言語で語られている現実）とありのままの現実とは、その組み立てについても内容についても、まるで別物だということだ。これは、繰り返すが、日常言語の世界では、通念が事実の代わりに、経験・検証抜きに、事実そのものとして通用しているということである。それは、カネが元来は価値の記号であるのに、現実の社会では価値そのものになっているし、権力は総意の記号であるのに、事実上総意そのものとして支配しているのに似ている。

ところで通念はイメージを含んでいて、むしろ通念とは意味づけられたイメージだといえる面がある。言い換えれば、日常生活の世界では、「現実」とは一般に通用しているイメージのことであって、検証された「事実」のことではない。それはさらにこういうことでもある。そもそも「現実」とは、自分の外にあってしかも自分にかかわり、自分の思考と行動を動かすもののことである。そして一般に現実は通念的認識とは違うもの、そもそも認識に解消されないものである。にもかかわらず日常生活では、「通念」が人の思考と行動を――ほとんど――決定して、「現実」そのものとして振る舞っている。したがって通念とは、実は仮想現実のことである。

本書の結論を先取りするなら、宗教言語においても同様のことがある。宗教言語が語る現実は、一般に眼には見えないもので、「客観的事実」ではない。それは内的経験において露わとなる現実、自我を内側から動かす現実である（後述）。眼には見えないから、コミュニケーションの必要上、その経験の表現としてイメージが、つまり内的経験を客観化する表象が形成される。すると当の宗教社会では、このイメージが現実そのものとして通用してしまうのである。

そのイメージは、さらに想像や推理や恐怖や期待などと関連しながら発展してゆく。こうしてイメージ化された宗教的世界が現出する。したがって宗教言語の場合、諸表象を生み出す、眼には見えない内的経験と、そのイメージ・言語表現とを明確に区別しないと、特に現代において宗教は、内的経験への理解を欠いた人たちには、非科学的な幻想だと思われてしまう。

経験と表現との混同について卑近な――本来の宗教とは遠いが――例を挙げれば、かつて雷が放電現象であることが知られていなかったとき、雷に対する恐怖（内的経験）が雷神という通念的イメージを生み、「客観化」されて絵に描かれ、さまざまな物語を生み出した。当時それらは事実として通用するようになり、果ては雷様は神社に祀られるにいたったのである。一般に「神話」には客観性はないが、それを生み出した心性は重要な人間的現実であり、理解されうるものでもある。これらの現象を対象とする研究のピントは、ここにこそ合わせられなくてはならない（ただし、神話にはさまざまな構成要素と機能があるから、それらすべてが内的経験の表現だとは限らない）。

2・4・3　通念的自然

要するに「通用するもの」としての言語の問題性は、第一に、それが語る内容が事実とは限らないのに――多くの場合、検証抜きで――事実として「通用」すること、第二に、その内容は正しくても事柄の一部一面を伝えるに過ぎないのに、全面を伝えるものとして受け取られがちなこと、第三に言語化された現実の秩序は、現実そのものの構造・秩序とはまるで異なるということである。

たとえば現代では、「自然」は生産のための原料、観光資源、たかだか人間のための環境とされ、

「自然」が本来何であるかは忘却されて、人間中心に理解され、人間生活のための単なる手段として位置づけられ扱われている。その結果、自然は破壊され、人間生活を危機に陥れている。換言すれば、言語への省察と検証抜きに無自覚的に言語を使用する人間は、通念に支配されて、その程度だけ、ますます現実離れした「単なる自我」になってゆくのである。

まとめ

我々の外にあって、我々にはたらきかけ、我々を動かすものを「現実」というならば、一意的に言語化された世界での「現実」とは「ありのままの存在」ではなく、「通念的現実」である。言語を用いる自我一般が「こういうことになっているからそうだと思い、こうすることになっているからそうする」という「単なる自我」となって、通念を存在と取り違える。その結果、人間（自分、他者、社会）をも自然をも不当に扱って歪めてしまうのだ。

3　言語の機能――言語と生

3・1　動能言語、宗教言語、宗教批判

ではなぜ、いかにして、宗教における眼には見えない内的経験が外的形姿にまで「客観化」さ

れるのか。これについても一言しておきたい。そのためにはまず簡単に言語の機能を明らかにしておかなくてはならない。

言語学は、言語を機能別に、記述言語、表現言語、動能《どうのう》言語に分類している。なお、一般的には第一のものは関説言語（referential language）、第二のものは感情表出言語（emotive language）と称されているが、私は先述のように名づけるほうが事柄に即していると考えている。動能言語（conative language）は命令言語と訳したほうがよいかもしれないが、命令では狭すぎるので、動能言語という訳を踏襲しておく。また二十世紀の言語哲学は、主として記述言語について、その真偽を問う検証理論を展開した。私見を加えてわかりやすく説明すると、以下のようになる。

3・2　記述言語

記述言語とは、客観的事物について記述する言語、むしろ事物を客観的に述べる言語である。代表は科学の言語である。自然科学は事象を記述するについて、経験と理論とを組み合わせる検証法を発達させた。すなわち、観察（計測）され記述された事象（データ）について、それを統一的に説明する理論を形成する。理論は天文学や物理学の場合、数式の形で述べられるのが普通である。研究はさらにその理論にもとづいて、それまで知られていなかった事象を予測する。その予測の正しさが観測あるいは実験で証明された場合（検証）、理論は正しいことになる。自然科学はこの方法で非常な発達をとげた。

他方、二十世紀の言語哲学は、真偽だけではなく、「無意味」というカテゴリーを立てた。すなわち、事実と照らし合わせて、事実と合致することが立証された（検証された）理論は「真」で、事実と合致しないことが明らかになった（「反証」された）理論は「偽」だが、検証も反証もできない記述は「無意味」、つまり問題にする必要がないということである。

この場合、反証できないから真だということにはならない。たとえば、ソクラテスの霊と交信したと主張する人がいたとしても、「ソクラテスの霊」なる語（記号）について、それ（記号対象）はこれのことだと客観的に特定すること、提示することはできないし（記号対象不定）、交信記録の内容も第三者による検証・反証は不可能だから、「交信」内容は「記述言語としては無意味」になる。換言すれば、当の交信記録は表現言語としては興味をもてるかもしれないが、学的なソクラテス研究の資料にはならないということである。

なお記述言語の一意性は、動能言語の場合と同様、記述として機能するためには――可能な限り――なくてはならない性質である。それはむろん、曖昧な言語は正確な記述（情報）にはなりえないからである（曖昧さの意味と程度が客観的に確定される場合は別）。なお記述言語のなかで用いられる名詞（普通名詞、固有名詞、集合名詞、物質名詞）には、一般になんらかの意味で確定可能な指示対象が存在するが、架空の事物に関する記述言語は偽か無意味になる。ただし、記述言語のなかで用いられる名詞といっても、動名詞と抽象名詞あるいは数詞の場合、その指示対象は実体的な「個物」ではないことを注意しておく。これらには指示「対象」は実在しないといえる。

３・３　表現言語——自然科学と矛盾しない

表現言語とは、外からは直接観察不可能な心の事柄を表現する言語で、感覚、感情、感動など「感」を表現する言語である。それだけではなく、空想や想像やイメージなど、想念一般を言い表す言語も表現言語である。思考についても、その内容は記述言語などでありうるが、思考そのものはこころの出来事だから、その外的表現は表現言語となる側面がある。

「私はいま『こんなことを考えて』いた」という発言は表現言語である。表現言語の代表は、詩、小説、演劇つまり文学である。表現言語は一般に理解の対象であって、客観的検証には馴染まない。そもそも表現言語で用いられる名詞は多くの場合、イメージの名称であって、記述言語中の名詞とは異なり、客観的事物とは限らない。小説に登場する場面も人物も一般に客観的実在ではないし、だからといって小説が無意味になるわけではない。つまり表現言語（たとえば、小説）で語られている事柄は事実でなくても、「偽」にも「無意味」にもならない。

さて理解の条件は、経験とその意味づけとが、語る人と聞く人とに共有されることである。「頭が痛い」とか、「失恋して悲しい」などという他者の表現は、自分の経験のなかにそれに思い当たること（自分もそういうだろうと思えること）がある人に「理解」される。換言すれば、一般に表現言語には理解される程度だけ現実性があり、真実でも有意味でもある。つまり表現は、客観的現実性ではなく、多くの人に共感されるという意味で、人間性（こころの内容）の現実を開示・伝達するのである。他方、まったく理解されえない表現言語は無意味になる。虚といってもいいだろう。

感覚や感情や感想などは、当人の単なる主観で客観的事実ではないから非現実だという人がいるだろうか。たとえば痛みは、他人には解らなくても、当人にとっては堪え難い「現実」で、それを思いやるのも「理解」のうちである。音（音楽）も、自分の体のなかにしかない感覚・感動であって、客観的には空気の振動である。もし客観的事物にしか現実性を認めないとしたら、演奏会で入場料を取るのは詐欺に等しいことになる。文学は、事実の記述ではなく虚構であっても、人間の可能性を描いているから、それに読者が思い当たり、共感（感動）し、あるいはそれまで気づいていなかった人間性に目覚めるなら、真実を語っているのだし、また人間性の現実を開示し語り伝えて、他者がそれに目覚めるなら、それは人のあり方を変えることもできる。しかし現代は客観的事実だけを現実として、表現言語を不当に軽視する風潮がある。これでは人間性の内容は閉ざされたままになってしまう。換言すれば、文化は貧困化するということである。表現言語でしか伝えられない現実が存在するのである。

3・4　動能言語

動能言語とは、命令、指導、勧誘、場合によっては脅迫や威嚇、扇動や誘惑のような、他人を自分の思う方向に動かそうという意図をもった言語である。約束や宣言、法律や判決も、自分（たち）の行動を特定の仕方で方向づける機能をもつから、私は動能言語の範疇に入れてよいと考えている。動能言語は、記述言語と同様、可能な限り一意的でなければならない。そうでなければ、語りかけられた側は何をしてよいのか判らないからである。したがって一般に内容不明あるいは遂行不可能な動能言語は無意味である。虚といってもよいだろう。

本書は動能言語自体を問題とすることが少ないので、詳論は省くが、なお注記すべきことがある。それは上記の言語の三分類はフラクタル構造をもつということである。記述言語には表現性がありうるし、表現言語には動能性をもつものが少なくない。動能言語は記述言語を含むものだ。一例を挙げれば、「狼がきた、逃げろ！」

3・5　感覚・感情

ここで感覚や感情について触れておくのも無駄ではないだろう。ギリシャ以来の知性主義は、感覚情報を不正確として知性の下に置いてきたが、それは違う。感覚情報には知性に還元できない豊かさがある。まず、たとえば温度の感覚について、同じ机が温めた手で触れると冷たく感じられ、冷やした手で触れると暖かく感じられるから、温度感覚は不正確だとされたものだが、温度感覚は対象事物の温度についての客観的情報ではなく、手が温められるか、あるいは冷やされるかの感覚である。つまり対象の温度が生体に対してもつ意味の情報であって、極端に熱い、あるいは冷たいという感覚は、痛みと同様、生体への危険信号である。その意味では感覚は温度計よりはるかに正確だ。

味覚についても、快く感じられるもの、たとえば甘いものは炭水化物、うまみを感じさせるものは蛋白質というように、生体に有用なものであり、腐敗したものは酸っぱいし、アルカロイド系は苦いというように、生体に危険かもしれないものは不快な味がする。塩分は生体に必要な程度なら快い、という具合いである。一般に感覚は生体への意味の情報である点で極めて敏感かつ正確であり、重要である。

それだけではない。感覚はこころの深みを呼び覚ましうるものである。たとえば風景は、「客観的自然」だが、感動を誘発する（後述）。そのとき風景は、こころの表現の意味をもつことになる。詩的な自然描写や風景画は、この面を集約的に示している。感覚は、単に対象の性質を示すだけではなく、こころの深みに語りかけて、それまで気づかなかった感情、感動を喚起し、自覚にまでもたらすものだ。感覚は自然的事物だけにかかわるのではなく、より多く人間関係のなかで生起するもので、たとえば母親に抱かれた赤ん坊の全身感覚は、一生を通じて情緒の安定をもたらすのであって、軽視してよいものではない。

3・6　感情

感情の場合には、感覚とは違って、認識が構成要素になっている。悲しみは、大切なもの、愛するものが失われるという認識に、逆に喜びは自分の意図ないし希望が達成されたという認識にもとづいている。怒りは自分の意図あるいは行動が不当に無視あるいは阻害されたときの、憎しみは自分が損害を受け、しかも侮蔑までされていると思われるときの、嫉妬は自分の欲しいものが他人の手にあり、しかもその人間を無視・侮蔑することができず、むしろ意に反して賛嘆せざるをえないときの、感情だという具合いである。

早くいえば、感情は価値観に左右される。何を喜び、何に対して怒るかは、当人の価値観次第ということだ。逆にいえば、価値観が変われば感情の持ち方も変わるもので、ここに感情の浄化が可能である所以がある。正しい宗教は行動を正すだけではなく、感情をも浄化するのである。

他方、感情はエゴイズムと結合しうる。エゴイズムには冷静で打算的なものもあるが、感情と結合すると激しく自我を動かし駆り立てる力となる。この場合、感情だけを制御しようとしても不可能であることが多い。エゴイズムから自由になることが肝要である。

感覚、感情は身体的変化を伴うもので、知性よりも深く「生」に根差している。その程度は感覚のほうが感情よりむしろ大きい場合があり、触覚、味覚、嗅覚、聴覚、視覚という、いわゆる五感には先天性が大きいが、訓練によってはより鋭敏にもなる。逆に環境によっては鈍化することがあるのだが、ここで指摘しておきたいのは、現代人の生活では知性が感覚に先行、むしろ感覚を代行して、感覚を無用化する結果、感覚の鈍磨を招いているということである。

たとえば食事について、栄養素やカロリーの計算が重視されて、むろんそれは無用ではないが、知識によって味覚、空腹感。満腹感が損なわれ、誤った知識なら健康を損ねる場合すらある。一般に「単なる自我」は感性よりも常識（日常的知性）に頼って行動する結果、感覚を摩滅させる可能性があることに注意すべきであろう。

これはニーチェが、「古代ギリシャに始まり、現代に及ぶ知性主義は生を知に還元して生に反逆した」と非難した通りである。実際、他者の無私で犠牲的行為に近い言行は、日常生活で覆われていた人間の可能性、単なる自我が意識の外に追いやっていた人間性を目覚めさせる。感動はそれが意識に上ったときの身体（身心）の反応であり、感情より深く強いのが普通である。人が宗教に目覚めるについては、感動がきっかけとなることが少なくない。宗教心が自然に目覚めることは稀だと思われる。宗教には伝統、環境、教育が必要な所以である。

3・7　生

感情の根には「生」がある。生は生物共通のはたらきだから、人間にももちろん生物一般との共通性がある。

さて、生物にはいわゆる本能がある。本能とは学習せずに生きてゆける能力のことだが、人間の場合、本能は文化によって消滅ないし変容されていて、その純粋な発現は稀である。たとえば、食欲は本能的だが、すしが食べたいとか焼き肉が好きだなどという食欲には文化が関与している。しかし、人間の場合には本能のいわば残滓があって、行動の強力な動機、つまり自我を動かす力となっている。それは特に個体保存本能、闘争本能、種族保存の本能であって、それらの発現も文化的伝統と社会の構造によって変容されている。

本能にもとづく欲望は消しようがない。本書の文脈では、それとエゴイズムとの結合がとりわけ問題である。それが自分自身と、自分が所属する集団の意志の遂行・維持・保存・強化に向かうことは誰にとっても明らかであろう。

3・8 情熱

ここで指摘しておきたいのは「情熱」についてである。日常的な生活の外へと、知性を超える情熱は、より深い「生」の発現と解される。それは仕事への情熱、エロスの情熱、集団のために自分を捧げる情熱などであって、日常的な「平俗」を破り、超える創造性として評価されてきた。たしかに情熱は、「欲」と結合しうるものではあるが、欲が特定の目的をもつのに対して、情熱には、情熱自身が評価され、尊ばれるところがある。

甲子園での熱戦が、勝率を問題とする職業野球とは違う関心を誘う所以である。打算を超えた情熱は共感と敬意とを呼ぶ。エロスの情熱が破局をもたらす物語は悲劇として愛読されるが、これは日常生活に飽き飽きしている人間が物語のなかで非日常性を経験したいからであろう。多くの文学作品には、このような非日常性を、物語のなかで経験させる機能がある。

通念に動かされて日常生活を営む「単なる自我」は、情熱を失いやすいのである。それはよく知られている習慣的な生活、無関心・無感動・無気力に見られる。情熱に動かされる自我は単なる自我とはいえない。それはより根源的な生に目覚め、生きようとすることだ。非打算的な感覚、感情、感動は、「世俗」を超えるものとして評価されるが、文化はたしかにこのような情熱によって育くまれたのである。

他方、情熱には「やみくも」なところがあり、エゴイズムと結合して日常生活のルールを踏み外すことが稀ではない。それはたとえば征服欲などに見られるところで、人間生活の破壊をもたらしうるものである。日常性の底にある生の発現としての感覚、感情、感動、情熱は、生の深みから発して自我を動かす動機だが、一般的にはなお人間性の深みに達していない。その一例が、ニーチェである。ニーチェはかつては哲学史で言及される思想家ではなかったが、現在では重要な現代批判者として扱われている。しかし多くの紹介は、ニーチェの思想内容――神の死、超人、無意味の永劫回帰、力への意志など――の説明に終わっている。しかしニーチェの本領は思想内容ではなく、『悲劇の誕生』以来一貫している生の直覚にある。ここにこそ理性主義に偏していた西洋哲学のなかでニーチェが占める独特の位置がある。ニーチェが説いたことは、ギリシャ哲学もキリスト教も、その系譜を引く現代文明も、「生を知に還元してしまい、生の変質を招いている」ということである。

ただ残念なことに、ニーチェの生理解は偏していた。彼は弱者のエゴイズムを的確に見抜いたにもかかわらず、強者のエゴイズムを生の発現（力への意志）として肯定してしまった。その結果、これは当時の西欧に共通していたことではあるが、強者の弱者支配を強者の権利として説く傾向があり、それが二十世紀になってからナチスに利用される結果を招いたのである。実際、ニーチェには「群をつくる」傾向を弱者の特性として否定的に評価する傾向があり、人間は本来、以下に「統合体」として述べるような共同生活を営み、コミュニケーションシステムを形成するものだという認識が欠如している。

たしかに生は文化によって変容され、日常性に埋没したり、エゴイズムと結合したりして変質している。もっぱら情報（記述言語と動能言語）にもとづいて生活する習慣が生を見失わせている。しかし実は、いわゆる生の根本に、宗教的「生」があり、これが我々の主題なのである。

4 宗教言語と「神」

さて、宗教言語はどの範疇に属するだろうか。前世紀の言語哲学では、宗教言語は一般に客観的記述ではなく、世界に対する態度を語る言語であるとされた。しかし、これでは宗教言語を広義の動能言語として規定することになる。

既述のように、古今東西を問わず、諸民族の言語には「神」あるいはそれに相当する語がある。その具体的内容はさまざまだから、いきなり「神とは何であるか」と問うても意味をなさない。ところで「神」あるいは「霊」などは一般に、眼には見えないが、人間と世界を超えた能力をもち、人間の所行に反応し、人間と世界にはたらきかけて幸福や災いをもたらす、きよらかで尊く、ありがたく、畏《おそ》るべきもの、という点ではほぼ一致している。つまり「神」が実際に何であるかは判らなくても、「神」という語は広く用いられ適用されている。「神」は客観的には確認されないのに、「神」という語は実際に広く「通用している」ことが重要なのである。

ところでまず、「神」が「眼には見えない」ならば、神について語る言語は記述言語ではありえない。人が、ある理解しがたい非日常的（超常的）な事象に接して畏怖と賛嘆の念に満たされるとき、こうして当人の生き方・あり方が根本から揺るがされるとき、人は――「神」そのものを確認しないままで――「そこ（当の事象）に『神』が宿っている、そこで『神』がはたらいている、それは『神』業だ」と語るものだ。したがってそれは記述言語ではなく、まずは経験の様態を言い表す表現言語である。

あらためて記述言語と表現言語との関係を確認すれば、一般に経験に際して「何を」経験したかを語ると記述言語になり、「いかに」経験したかを語ると表現言語になる。「感想」が一般に表現言語である所以である。

要するに「神」は経験の直接の対象ではない。上述のように、まずは経験の様相（畏れや賛嘆のような感動）を中心として語るときに用いられる語である。しかしながら表現言語の名詞（これは実在しなくても無意味にはならない）が、記述言語の名詞（それが指示する実物は存在しなくてはならない）と混同されてゆくのである。

一般に表現言語の名詞はイメージの名称であって、客観的に実在する事物の名称ではない。表現言語の名詞は客観的に実在する事物を指示するものではないのである。要するに「神」とは、観察され認識される「対象」ではなくて、「畏るべく、尊ぶべき、非日常的な」経験をもたらす事物のなかではたらく、「眼に見えないもの」を示す語である。それは単なる仮構である場合もないとはいえないが、ヤスパースの語を借りれば、宗教的経験を手がかりとして「解読されるべき暗号」になる。したがって「神」を理解するために必要なのは、「神」とは何かという問いではなく、「神」について語る人がどこに「神」のはたらきを見るかということである。それが明らかにされれば、「では、そこで『神』とされているのはいったい何か」という問いが可能となる。

新約聖書についていえば、初代キリスト者は、「神がイエスとして現れた」事実を客観的に観察・認識したのではない。彼らはまずは、「十字架につけられて死に・復活したイエス」に「神のはたらき」を見たのである。復活したイエスは死にも悪霊にも勝利したのだ（『ピリピ書』二章6－11節）。ここから発展して、生前のイエスにも「神のはたらき」が認められ、描かれるようになった。だから最古の福音書である『マルコ福音書』は「悪霊に勝利したイエス」を「神の子」として描いたのである（神の聖者とは神を宿す人間のこと――一章24節。さらに五章7節等参照）。それより前、パウロは「神の子が私のなかに啓示された」（『ガラテヤ書』一章16節）と記す。彼は「罪の力の支配」から彼を解放したはたらきに、「神の子」つまり神そのものではなく、「彼のなかではたらく神」を見たのである（むろん肉眼で見たのではない）。それがキリストつまり復活したイエスの霊体と解されたのである（『Iコリント書』一五章44－45節）。

重要な点なので繰り返しておくと、「あなたがたのなかではたらいて、（あなたがたの）のはたらきと意欲を成り立たせる神」（『ピリピ書』二章13節）の「はたらき」がパウロ神学の中心なのだが、「あなたがたのなかではたらく神」は神そのものではなく、「神の子」だと解される。すると上記の言葉は、「わたしのなかで神の子キリストがはたらいている」という意味になり、『ガラテヤ人への手紙』二章19－20節と一致する。つまり「信徒のなかではたらく神」（これは内容上、仏教の法あるいは阿弥陀仏と一致するところ大である）が、「復活して霊化され、信徒に内在するイエス」と解されたのだ（『ヨハネ福音書』一四章18－20節参照）。ここではこれ以上詳論しないが、右のように理解すると新約聖書の全体が矛盾も困難もなく説明される（簡単なまとめは拙著『回心　イエスが見つけた泉へ』（ぷねうま舎、二〇一六年）の終章を参照されたい）。

さて、人のなかではたらいて罪の支配から人間を解放し、新しい生を可能にする「内なるキリスト」とは、同時にパウロのいう意味での教会（『Iコリント書』一二章。本書では「人格統合体」）を形成する「はたらき」である。客観的に認知されるものではなく、身体／人格を生かすはたらき――これは自覚に現れる――の名称である。

要するに「神とは何であるか」ではなく、「『神のはたらき』をどこに見るか」が宗教の根本であり、またその宗教の質を示す。しかし、宗教言語はそこにとどまらなかった。言語は、既述のように、「コミュニケーションの手段としての記号の体系」だが、眼に見えない「神のはたらき」が言語化され通念化される場合、それはイメージ化されてゆくのである。そして通念的イメージは、そこには現前しない実物の代用として通用するうちに、実物そのものと混同されてゆく。換言すれば、表現言語が記述言語と混同されるということだ。表現言語のイメージが客観的対象として通用するようになるのである。すでに述べたことだが、雷が呼び起こす恐怖が雷神のイメージを生み出し、イメージが客観化されて、雷神が祀られ、物語がつくられ、それが事実として通用したのはその一例である。こう言い換えてもよい。記号（厳密には記述言語の記号）には、上記のように記号表現、記号内容と指示対象（記号対象）が不可欠である。だから「神」という語も、記述言語と誤解される過程で、コミュニケーションのための記号内容（イメージと通念）と記号対象（記号内容があてはまる対象）が求められてゆくのである。そして、この混同が「宗教は幻想に過ぎない」という誤解を招くのである。

重要な事実と思われるので、さらに既述のことを少し反復しながら展開してゆきたい。ある出来事が「神」のはたらきとされるとき、ここで定立される「神」は、特定の恵みや罰をもたらす存在である。さらに元来は眼に見えないものであっても、文の主語となる語にはイメージがつきものだから「神」もイメージ化されてしまう（記号「対象」が定立されて文の主語となる）。本来は、「モーセの十戒」の第二戒（偶像禁止）が禁じているように、神はイメージ化されてはならないのだが、コミュニケーションの必要上、西欧中世・近代の宗教画に見られるように、イメージが外的にも「描き出され」、不当に客観化されてゆく。神（表現言語の名詞）は眼に見えないのに、そのイメージが実像の代替物、むしろ実像そのものとなってゆくのである。「神」が「特定の内容と結合したイメージ」として表象され、それが「通用」してゆくうちに、通念的イメージが「実像」（写実）とされてゆくのである。これは何も異常なことではなく、言語一般の特性といえることだが、念のために繰り返しておくと、一般に通用する語については、その「記号内容」は「対象そのもの」の内容をあますところなく示すものとされている。また我々は、名称のついた事物、すなわち語の「記号対象」を、多くの場合、実際に見たことはないから、通念的に表象されている姿に従ってイメージするのである。そして「神」を語る人自身のなかで、さらにコミュニケーションの現場で、通用するものが「現実」と見なされる。要するに記号「対象」のイメージが実像とされて通用し、さらに現実と混同される（この場合、イメージはさらに記号内容を表現している）。実際、言語世界一般では、実物よりイメージのほうに優先権が与えられているのである。これは言葉を語る生物、つまり人間の営為の研究には言語批判が必要である所以でもある。

古代以来、宗教は一般に、畏るべく、驚くべく、賛嘆すべき超自然的・超人間的な出来事を、「そこで神がはたらいている。そこに神が宿っている」と言語化した。それだけではない。さらに「神」をイメージ化し、畏怖や恐怖、賛美や賛嘆の念から、それにさまざまな推論、想像、期待、願望を加えて、神にかかわる物語すなわち「神話」を紡ぎ出した。するとそれらは、「宗教」社会では事実として通用し、伝えられてゆくのである。古代ギリシャの哲学者、たとえばクセノファネスは、神話の非現実性を見抜いて、「ミュトス（神話）からロゴス（哲学）へ」という運動の先頭に立ったが、戦時中の日本の小学校——当時は国民学校といわれた——では『古事記』の一部が事実として教えられていた。『古事記』の全体が公に神話と認められたのは戦後のことである。

要するに、宗教を理解するためには、「神」とは何かと問うのではなく、どこに神が見られているか、いかなる事象が「そこに神が宿る」と言い表されているか、を問題とすべきなのである。換言すれば、宗教言語は、見えない神の記述言語としてではなく、根本から震撼せしめられた「こころ」の表現言語として理解されるべきである。まずは、「神のはたらき」に帰せられる経験そのものとは何かについて明らかにすべきであって、これは要するに、宗教的経験から生まれるイメージは写実ではなく、広義の宗教心の表現だということを意味する。

それは、たとえば新約聖書が記す「終末論」のイメージについても妥当する。しかし「終末」は初代キリスト者が信じ期待したような形（『Iテサロニケ書』四章13‐17節、『マルコ福音書』一三章）では到来しなかった。終末論の事実性は、歴史によって反証されたのである。ただしキリスト教徒はそれを認めず、終末の到来は「遅れている」と説明してきた（これはすでに新約聖書に見られる――『IIペテロ書』三章8―9節）。

このように宗教的イメージを、表現としてではなく、事実の記述として理解する傾向はすでに新約聖書において見られるものだが、これは四世紀末にキリスト教がローマの国教とされたときに完成した。それ以来、教会教義は「記述言語」、つまり救いに関する「情報」として通用するようになり、信仰とはそれを疑わずに客観的事実として信受することとなった。これはとりもなおさず、表現言語が記述言語として通用することを意味し、それによって宗教的「生」の自覚が、客観的事態の「知」に還元されたのである。

それはたしかにキリスト教が国教となり、すべての人が信奉できるものとなるために必要ではあっただろう。万人が、表現からその根底にある経験――キリストが私のなかで生きている（『ガラテヤ書』二章20節）、神が私たちのこころのなかで輝いて、キリストの御顔を照らしだした（『IIコリント書』四章6節参照）などと表現されるような経験――に到達することは望めないから、教義を客観化し、キリスト者とは教会の教義を信受し、教会生活に参与する人と定義するのは、まことにやむをえないことではあったろう。

しかし現代人はもはや、教会教義を客観的事実の告知として受け取ることはできなくなっている。それを一概に不信仰として責めることができるだろうか。そもそも神は眼に見えないのだから（復活のキリスト、聖霊も同様）、それについて語る言葉、つまり教会教義を客観的事実の記述として宣教するのは元来不可能であったのだ。それは新約聖書を正確に読めばすぐわかることである。そうであればこそ、本書は教義の根底にある「経験、むしろ経験を成り立たせるはたらき」に到達する道を探っているのである。要するに宗教言語の現実性は、記述言語としての現実性ではなく、自覚され（こころに現れ）、人間のあり方を変えてゆく、「はたらき」の現実性である。それは決して単なる思い込みや、普通の意味での「神話」ではない。宗教的イメージは元来、「宗教的現実」がコミュニケーションの必要上、客観化され表象されたものである。

さらにいえば、このように表現言語を記述言語化する「信仰」の最大の問題点は、「信じる自我」が、自我を超えて自我を生かすはたらきに触れることのないまま、つまり「自己・自我」とはならないまま、教会でこうだと教えられて、そうだと思い、こうこうせよと教えられて、そうする自我、つまり「単なる自我」となりやすいことだ。むろん「はたらき」に接した人は決して少なくないのだが、宗教が国教として強制される場合のように、客観化された教義の信奉が求められる場合は、それを受容する人が単なる自我にとどまることがありうる。このような自我は、思考と行動の内容は異なるが、単なる自我である点で、イエスだけではなくパウロも批判した律法主義者・律法学者と異なるところはない。繰り返すが、律法主義とは、律法が「人（自分）のなかではたらく神」の外的表現であることをわきまえず、ただ神の言葉とされた律法がこうせよと命じるから、行為の上でそうする、という行動様式にほかならない（律法の情報化）。そのような律法主義について、パウロは「文字は殺し、霊は生かす」というのである（『IIコリント書』三章6節）。イエスは「完全に律法を守った」律法主義者をよしとしない（『ルカ福音書』一八章9－14節前半）。

ローマの国教に始まる伝統的キリスト教（ユダヤ教の影響が強い）は、もっぱら律法（道徳）

違反に罪を見て、それがイエス・キリストの「贖罪《しょくざい》」によって赦されると教えてきたのだが、これも教義を一般人に解りやすくするための単純化の一例である。この見解は、たしかに新約聖書に見られるが（『ローマ書』三章10－18節、23－24節など）、この理解はパウロ以前の原始教団の理解を受け継いでいるもので（『Iコリント書』一五章3節など参照）、パウロの真意とはいえない。日本語訳では明瞭ではないが、律法違反の罪は複数形で書かれていて、パウロは人を支配する罪を単数形で書いて区別している（『ローマ書』七章17、20節など）。その支配から解放されることが彼の眼目であった。

ところで罪に支配されている人間とは、本書の用語での「単なる自我」のことであり、実は単なる自我こそが克服されるべきあり方にほかならず、だからこそ「単なる自我」が単なる自我であるままで、いくら律法を完全に守っても、神によしとされることはない。それがイエスの判定であり、パウロの主張でもあった。イエスのパリサイ人批判の中心はここにあったのだが、この点での無理解はすでに原始キリスト教に始まっている。

さて、このような自我たちが教義の絶対化——つまり、それを信奉する自我の絶対化——をあえてするとき、絶対化された教会教義を基準として定義された「異教徒と異端者」は、真理に反する者として滅ぼされるのが当然だということになる（キリスト教の絶対化）。実際、キリスト教が国教となって以来、異端は処刑され、伝統的なギリシャ・ローマの宗教はもちろん、ゲルマンの宗教も異教として排除され、異教徒に占領された聖地奪還のための十字軍も組織された。地動説を唱えたガリレオは異端とされ、中南米の土着宗教と文化もスペインなどの侵略者によって滅ぼされた。西欧ではユダヤ教さえ迫害された。キリスト教が日本に伝えられたときにも、仏教の寺院や神道の神社が破壊される例は少なくなかった。そして、当時の教会が異教国の侵略と植民地化に賛同していたことは広く知られている通りである（ただし、二十世紀の中葉以来、欧米では仏教をキリスト教と同等の真理を伝えるものと見る人が増えている）。教義主義に陥ったキリスト教は、問題の所在を見損なったがゆえに、キリスト教国の人間が「単なる自我」（この場合は非人間的な征服者、やがては後述のような「単なる自我」の文明の創始者）となるのを防止することができなかったのである。

5　人間はいつから「単なる自我」になったか

その結果はこうだ。そもそも伝統的キリスト教は「単なる自我」の問題性を十分に見抜いていなかったのだが、さらに近代となって西欧の教会離れが進むにつれて、文明は自我中心的な単なる自我の文明になっていった。それはいつから始まったことか、以下に略述してみたい。

西欧がカトリシズム中心の社会として組織され完成したのは、十三世紀前後のことである。同じ頃から、伝統批判的な傾向が現れるのだが、ルネッサンスは、一方では人間中心主義的傾向を示してゆきはするけれども、他方ではヴァチカンのサン・ピエトロ寺院の建築に貢献もした。宗教改革は近代化の始まりと評価されるし、実際、聖職者の仲介を廃して、神と個々の信徒との直接の関係を重視した点で近代的個人主義に通じるが、他方「聖書のみ」の原則で聖書の権威を説いた点では「復古」的であった。

したがって、宗教離れの運動、むしろ宗教経験から離れた運動としては、伝統を批判し、大胆な知性の行使を説いた十八世紀の啓蒙主義が挙げられる。それは一方ではデカルト（十七世紀）を代表とする「理性主義」を、他方では経験から認識を汲み、「悟性」を重視する哲学と科学とを発展させた。我々の観点から重要なのは後者である。単純化して語ると、自然科学は――まずは英国でのことだが――、やがて技術に応用され、経済に組み込まれて、資本主義を成り立たせることになる。アダム・スミスの『国富論』（一七七六年）は、元来は社会倫理学なのだが、公正な市場での自由競争を説く近代経済学の古典となった。それに対抗して生まれたマルクス主義は、資本主義という病の診断としては正しかったが、治療法において誤ったといえよう。哲学的には唯物論だが、資本主義はその実践においては同様に唯物論的である。

さて資本主義は競争に勝つために利潤を、根本的には資本の増殖を求める。経済成長への動力を内包する近代社会はたしかに科学の進歩と、科学の技術への応用と、その経済システムへの組み込みを促し、豊かさをもたらした。他方、近代になって実力をつけた西欧の国家群は「後進国」を植民地化してゆくのである。スペイン、ポルトガルによる中南米と南アジアの植民地化はすでに十六世紀に始まっている。その後、列強はアジアの大半を植民地化ないし半植民地化し、中近東を実質的支配下に置いてゆく。アフリカも二十世紀初頭までに西欧諸国によって分割された。

植民地化競争は列強間の不和を生み、オーストリアとセルビアの開戦をきっかけに第一次世界の冷戦へと突き進んでゆく。その経過をここで詳論する必要はないだろう。東西できた結果、第二次世界大戦が勃発した。しかし、その終結も平和をもたらすことはなく、大戦が勃発。それが終わった後、ドイツと日本が、自衛のためと称して国土拡張競争に割り込んできた結果、第二次世界大戦が勃発した。しかし、その終結も平和をもたらすことはなく、東西の冷戦へと突き進んでゆく。その経過をここで詳論する必要はないだろう。

この間、蒸気機関、内燃機関の発明、電気利用の進歩（モーターから電子機器、さらにＡＩへ）、さらに原子力や遺伝学の応用などによって、世界は一面ではたしかに豊かに、便利かつ安全になったのだが、他方で地域的な戦争は絶えず、核戦争に脅かされ、貧困は克服されないまま経済格差は増大してゆく。環境破壊は進行し、人類の滅亡も杞憂ではなくなっている。退廃する資本主義経済の一兆候は、コンピュータが可能としたいわゆる金融工学であろう。これは株や債券の値動きを予測する数式をつくり、株と組み合わせた債券を売買する方式で、一時は大変な利益をあげたが、リーマン・ショックやロシア国債の値下がりを予測できず、大損害をもたらした。しかし、その後も千分の一秒単位でコンピュータが自動的に株の売買を行っている。金融市場では、カネを商品に換え、それを売って儲けるとか、カネを集めて商品を製造し、それを売って儲けるというような古典的経済とは違って、生活に必要な商品を動かしたり製造したりすることなく、実体経済をバイパスして、カネの運用によってカネを儲けるという金融操作が経済行為の中心となっている。成功しても社会全般ではなく、一部の金融操作の能力のある人だけを富ませ、経済格差を増大させるのだ。これは「単なる自我」の営為の典型というべきであろう。

5・1　「単なる自我」の成立期

以上のように概観してみると、人間が実際上、宗教経験を無視して「単なる自我」となって争うようになったのは、人類始まって以来のこととはいえ、それが進展したのは、まずは古代の都市文明成立期すなわち言語を用いる大規模な共同生活が営まれるようになった時代であろう。その時代には、それへの反対運動として、なんらかの意味で「生の言語化」批判を含む芸術や世界宗教が生まれたが、それらは人間が単なる自我になるのを完全に阻止することはできなかった。

そして、さらにこの過程が急速に進んだのは、特に十八世紀西欧の啓蒙期以来のことだと思われる。その判断は、「世俗化」は一般に啓蒙期に始まったといわれていることと一致する。ところで世界を指導したのはむろん単なる自我だけではなかった。カントを代表とするような哲学、ガリレオ、ニュートン以来の物理学、進化論を提唱したダーウィンなどを、私は単なる自我とは呼ばず、「普遍性をもつ自我」と呼んで敬意を表しているのだが、科学が単なる自我の武器となったのは事実である。また、啓蒙主義のあと、ロマン主義が台頭して、自我の知性の及ばない「不合理的」な生と感情を重視し、啓蒙主義的知性主義を超えようとしたことが知られている。特にニーチェは、上記のように、「理性より深い」生の自覚に立って、後期ギリシャ以来、「生を知に還元してきた」自我、要するに近代主義を批判したのだが、彼の「生の自覚」は宗教性には届いていなかったので、力の肯定、強者の礼賛に傾いたのはまことに残念なことであった。

なおシュライエルマッハーを代表とする十九世紀のキリスト教神学も、宗教学の成果を踏まえて、自我より深い宗教的感情や経験に宗教の根拠を求めたのだが、この試みは新約聖書が示すような宗教的経験には届いていなかったので、二十世紀に反動を招き、カール・バルトを代表とするような正統的（伝統的）神学にとって代わられた。バルト神学は、「イエス・キリストの出来事」を客観的事実として、この出来事の内容と、それが人間にとって意味するところとを述べたもので、伝統的プロテスタント神学を詳しくかつ正確に語ったものだ。しかし、それだけに現代の批判的新約聖書学の成果を汲みきれないものとなっている。またバルトの神学には、やはり信仰的生を知（教義学）に解消する傾向が強い。

以上を一言で要約するなら、現代のアメリカ文明に代表されるような近代文明は単なる自我の文明である。ここでは自由競争が、上記のように競争に勝つために、利潤と資本の増大を求める営為となった。また、注目を集めることに専心するマスコミがその代表だが、一般に現代人は儲けること、勝つことと娯楽にしか関心がないようにさえ見えるのである。その典型的一例が、上記の金融操作だ。その行く先は、秩序の解体であり、また人間のあり方に思いをひそめ、こころの表現を求める「文化」の衰退ではないか。要するに、キリスト教的欧米は、人間が単なる自我となることを阻止できなかった。あるいは、そうしようともしなかった。そして、日本は近代以降、ひたすらその模倣に精を出し、アメリカを模範として、西欧以上の単なる自我の国になってゆく。

5・2　科学と宗教――表現言語と記述言語との区別

表現言語と記述言語とを混同する誤りに関して、次のことを付加しておきたい。近代以降、宗教はしばしば「非科学的」と非難されてきた。逆にいえば、科学は宗教を消滅させるというのである。実際、科学は「迷信」を克服してきた。特記すべきは、悪霊の仕業とされてきた病気の原因を「科学的に」解明し、正しい治療法を確立しただけではなく、自然的災害についても同様の認識を確立し、一般に人間と自然とが「悪霊」の支配のもとにあるという「迷信」を打破した。この功績はまことに大きい。それは啓蒙主義のもっとも大きな貢献の一つに数えられるだろう。

しかし、それがさらに進んで宗教一般が「非科学的」だとされるについては、ある留保が必要である。それは、宗教言語は一般に表現言語だということ、すなわち宗教的イメージ（形姿、物語）は、人間のこころの奥底に潜むけれども、日常生活によって覆われた『神』のはたらき」を呼び覚まし、次章以下で述べるような宗教心――それには「きよらかな、やさしいこころ」や「平和への願い」などが含まれている――を呼び起こし、伝達するための表現だということだ。

宗教言語は、もともと客観的事実を語るものではない。こう解すれば宗教は――一般にこころの表現としての文化は――、「単なる自我」が支配する現代においてこそ必要な真実を伝えるものとなる。その真実は「自覚される現実」であって（表現言語）、もともと自然科学（記述言語）と矛盾するものではまったくない。そもそも人間は単なる自我ではなく、身心／人格であり、自我は「自己・自我」の自我となるべきなのである。しかしこの事実は、しばしば宗教者自身によって誤解され、宗教的形姿や物語は「客観的」事実だと主張されることによって歪められてきた。この場合、宗教は科学と正面から衝突することになり、当然のことながら敗北するのである。宗教者は、眼に見えない「神」（超越）を語るなら、それはまずは記述言語ではありえないことを、しかしながら客観的事実と矛盾するものでも無関係なものでもないことを、明晰に認識すべきである。他方、現代人は、客観的事実だけが真実ではないことを、客観的認識の偏重は、「こころの文化」つまり自覚によって成り立つ人間性を無視し破壊することを、銘記すべきなのである。

5・3　自覚による人間性の現実化

そもそも人間のこころは、自覚にもたらされて初めて正常にはたらくのである。たとえば、「我思う、ゆえに我あり」というデカルトの基本命題は誰でも知っているが、これは理性の自覚を示している。人間には理性があるといっても、誰でもが理性を正しく行使するわけではない。理性的な思考と行動が可能なことに気づいた（それを自覚した）人間が、まず理性を行使するのであり、それが社会的に一般化したときに理性を尊重する文化が成立するのである（だから、非理性的文化がありうることになる）。自由についても同様で、自由に考え行動できることに気づいた人間が自由となり、それが一般に認められたときに自由を尊重する文化と伝統が成り立つ。人権についてもまったく同様である。そもそも人格の尊厳、自由と人権の尊重は、キリスト教が生んだものとまではいえなくても、キリスト教なしでは成り立ちえなかったであろう。

アメリカの独立宣言には「神から与えられた人権」が謳われている。ここにキリスト教の近代社会への最大の貢献の一つが認められる。しかし、人権は元来宗教的に基礎づけられる「人格の尊厳」にもとづくこと、その法的表現であることが、現代では忘却されている。一般に人間性（人間の諸能力）は、人がそれに気づき、目覚め（自覚し）たとき、初めて充分に現実化するのであって、自覚と訓練なしでは眠ったままに終わるものだ。これは芸術、スポーツの領域ではよく知られていることだが、一般に文化と宗教において見られる事実である。人間の可能性が目覚め、訓練されることで展開していく事態は、エンジンに似ているといえるかもしれない。モーターはスウィッチを入れれば動きだすが、エンジンはスターターを使って外から始動をかけてやらなければ、自分からは動きだせない。人間の諸能力も同様で、自発的に動きだすためには通常外からのはたらきかけが必要である。教育と訓練が必要な所以である。実は人間性には宗教的基礎があり、それも自覚されて明確に意識にのぼるとき、それまでは徴候に過ぎなかったのが現実にはたらき始める。

要するに宗教言語は表現言語であり、それが記述言語と混同されるとき、宗教は非科学的幻想として無視されてゆく。客観的事実だけが現実であるかのような教育、つまり記述言語優越の教育では、表現言語の領域が不当に軽視され、事実の知識と応用だけしか知らず、そのほかを考えない人間が、ひいては儲けることと勝つこと、娯楽にしか関心がない「単なる自我」が育ってしまうのである。

宗教者も、宗教という独自の領域を確立するために、宗教言語は記述言語ではないことを銘記すべきである。宗教言語が語ることが事実であるならば、それは客観的事実に違いない、などと考えることを止めて、人間性の奥から出て自我をはたらかせるものの自覚的現実化と表現に徹底すべきだ。これは眼に見えないから、教えられずに自覚されるものではないが、こころとからだ全体の正常化にかかわることであり、人間の生にとってはもっとも基本的で大切な現実である。

まとめ

以上を要約すると、宗教言語が宗教的自覚を表現・伝達するための表現であることを明らかにすれば、それは客観的事実の認識である科学とは全然矛盾しないことが明白となる。他方、表現言語を記述言語として受け取り伝えるという誤解は実に根深いのであって、それはすでに新約聖書に見られ、キリスト教の国教化によって完成したといえる。しかしキリスト教の宣教内容を客観的事実とすることはあらゆる点で不可能である。むろんこれは、客観性がまったくないということではない。後述のように、「統合作用」は客観界においても確認される事実である。

キリスト教の根拠についていえば、福音書に記されているイエスの言行、パウロの宣教、一般に原始教団に関する記事は、形の上では記述言語で書かれている。ただしそれらは、もともと神のはたらきの表現として描かれているという意味で、純粋の記述ではないから、史実を求めるためには歴史的・批判的研究が必要であり、それによって「客観的事実」に接近することが可能であり、必要でもある。キリスト教宣教は客観的事実を含んでいる。しかし、キリスト教宣教の全体を客観的事実の告知と主張し続けるなら、もはやキリスト教に創造的未来は期待できないであろう。

II　統合論

第三章　統合論綱要

ここでは、本書の大綱を述べておきたい。主要概念の説明から始めて、本書の要旨を述べる。詳論は以下の諸章においてあらためてなされることになる。仏教思想との触れ合いにも言及しておく。

1　主要概念について

1・1　個、統一、統合

新約聖書、特にパウロにおいて、人格共同体の際立ったあり方（「キリストのからだ」としての教会──『Ｉコリント書』一二章）が語られている。以下では、それをヒントとして展開し、また一般化し、私が「統合」と呼んできたシステムについて述べる。「統合」は新約聖書にだけ見られる構造ではなく、現実一般にかかわるものだからである。ただし、これは前章で述べた「自我」の知性には馴染み難いものである。

既述のように、自我は情報を処理するに際して、「個」と「集合」ないし「普遍」を立て、実体、性質、作用というような基本的概念を用い、他方では、原因と結果、目的と手段という枠組みを用いる。さらに実践的な領域でも、自由と規範、支配と服従、構造と機能というような基本概念を定立して、情報を整理し秩序づける。

ところで、ある集合（共同体）において、あらゆる「個」に等しく妥当する性質を「統一」と呼べば、まず普遍が、それから全体に共通する原因、目的、支配、構造、規範などは「統一」に当たる。すると自我の知性は、主として「個と統一」*という対概念を用いて情報を整理し、秩序づけているといえる。例を挙げれば、個について物語り、多を個の集合として捉えて普遍を求め、全体を統一的に理論化・体系化する。近代初期の原子論は、古代ギリシャの原子論と同じく、多様と運動を、それ以上分割できない単位すなわち原子の集合離散として説明した。この考え方は要素還元主義として現在もなお広く行われている。

＊　近代初期の社会論は、対立抗争する個同士が平和的に共存するために、「契約」によって社会を形成したと考えた。その系譜につらなる自由主義は「個の自由」競争を重視し、それに対して社会主義は権力による計画と統制（平等、統一）を重んじる。国家主義が権力による個の統一をはかったことはいうまでもない。

我々は情報を求め、それにもとづいて行動する。ところで情報は一意的であり、一意的言語は特定の時点、特定の観点でのみ厳密に妥当する。したがって、一意的情報は世界を断片化、細分化するのである。すると我々は、こうして成り立った「多」を「統一的」に秩序づけ組織することを求める。このように我々の思考と行動は、個と統一というカテゴリーの支配下になされている。

しかし、我々の共同性の形である「キリストのからだ」を叙述するためには、個と統一では足りないので「統合」という概念が必要になる。それは多元的なので非一意的言語で語られる。そして統合は「生」の事柄である。生は自覚されるもので、知識には還元できない。さらに統合体は「場」のなかで形成されるので、「場所論」的叙述が求められる。

統合ということ、またその場所論的な記述と解明が、本章の主題である。ここで、あらためて注意しておきたいことは、「統合」は前章で述べた「自我の知性」では把握し難いということである。一意的情報を求める知性は統合には馴染まない。逆にいえば、前章は統合を述べる立場から、「自我の知性」の限界を述べたものだったということになる。

とはいえこの限界は、よく考えれば自我の知性にとってまったく理解不能というものではないはずであって、ただ日常的ではないから、馴染み難いということである。したがって、自我の知性の限界は「省察」によって超えることが可能になるはずだ。また、以下に述べる「統合」も、一意的情報を求める自我には馴染み難いとはいえ、「省察」による理解をまったく許さないものではない。しかし統合がその全貌を現すのは、後述する「信」によらなければならない。そして、その信を深めるのは「瞑想」である。

1・2　場

「場」という概念は西田幾多郎の哲学から受け継いだものだが、それだけではない。新約聖書のなかには、「人は神のなかに」、「神は人のなかに」という表現が多く、その読解には相互内在を表現する「場所論」的叙述が必要である。「神は愛である。愛のなかにとどまる者は神のなかにとどまり、神はその人のなかにとどまる」（『Iヨハネ書』四章16節）はその典型的な例である。

特に『ヨハネによる福音書』では神と「イエス」（この福音書では歴史的個人のことではない）との相互内在、「イエス」と信徒との相互内在が説かれ、「イエス」を媒介として、神と人との相互内在が語られる（一七章20－26節など）。しかし、従来の聖書学、むしろ神学では、人格神と信徒（人間）との「語りかけ－応答」という人格主義的関係が優越していて、「相互内在」がいかなる事態かはほとんど問題にされず、解明されてもいない。神と人との相互内在という関係は、存在論的関係ではなく、「はたらき」の関係であり（『ヨハネ福音書』四章21－24節、五章17節参照）、これは人格神と人間との「語りかけと応答」を中心とする人格主義的概念（ユダヤ教以来、キリスト教一般で優越）によっても、哲学的存在論（たとえば、パウル・ティリッヒの神学）によっても、適切には叙述できていない。後者についてはギリシャ的存在論の影響もあるだろう。西欧には、いまでも個人は自分によって自分自身である「実体」的存在で、他者の浸透を赦さない、古代的な意味での「原子」（atomon－individuum 不可分割者）と理解される傾向がある。

１・３　場と場所（極）、場所論、作用的一

ここで「場所論」を取り上げ、それに依拠しようとするのは、上記の関係を叙述するためである。まずここでの「場」は、西田哲学とは異なって、「はたらきの場」である。西田は「ある」とは「場所に於てある」ことだとした。これはもちろん存在論の歴史上画期的な発想ではあるが、新約聖書思想の叙述には「はたらきの場」が必要なのである。「はたらきの場」とは、磁力の場や重力の場のように、そこに置かれた個（実は、後述のように「極」）が、一定の方向に動かされるというよりは、動くような場のことである。たとえば、軟鉄の釘には磁性がないから相互作用を行わないが、磁場のなかではそれぞれが小さな磁石となり、引き合い反発し合って相互作用を行う。重力の場のなかでは、天体が引き合って太陽系のようなシステムを形成する。日常生活では市場や競技場や式場があって、そのなかでは参加者は特定の仕方で行動する。なお後述するが、一般に相互作用にはその場がある。我々は統合形成作用について、その相互作用を「場」を比喩として語る。「場」が人格主義と違うのは。特定の個人が他の個人を支配し動かすのではないということだ。また存在論と違うのは「場」は存在ではなく、また存在者の運動を可能とする単なる空虚な空間でもないということである。つまり場所論は、旧約聖書的人格主義でもギリシャ的な存在論でもない。両者とは異なる新約聖書の宗教を語るためには、「はたらきの場」を比喩として「超越と内在」を語ることが必要なのである。

さて、場のなかの「個」は相互作用を営むから、自分自身によって自分自身である「個」ではなく、実は「極」、すなわち磁石のS極とN極のように、他者なしには自分自身でありえないも

のであって、その運動によって、眼に見えない「場」のはたらきが現実化する。このときの「極」を「場所」という。つまり「場」と、場のはたらきが現れる「場所」とは区別される。この場合、「極」の運動は、それ自身の運動でありながら（自由）、場のはたらきを表現することになるから、個の運動は、場のはたらきと極の自由との「作用的一」ということになる。作用的一は、西田の「絶対と相対の矛盾的同一」に相当するが、この用語は存在論的表現に傾く。しかし、新約聖書思想の場合、神と人との存在論的同一は語られない。神と人との「一」とは――あえて「存在論的」にいえば――相互に他者である「存在」間に成り立つ「作用的一」である。

一例として、先に引いた『ヨハネの第一の手紙』の一節を場所論的に解説すると、「はたらきの場」としての「神」のなかに置かれている信徒は、「場」のはたらき（愛）を表現する「場所」となり、相互作用を営む（愛は神に由来する）。その内容は「愛」であるがゆえに、信徒は互いに隣人愛の主体となる。見えない神の愛がいわば人のなかに「宿り」、現実化するのである（「神が人のなかにある」）。この際、「神の愛」を人のなかに現実化させるはたらきは「聖霊」と呼ばれる（『Iヨハネ書』四章13節）。「聖霊のはたらき」は神の愛を人のなかに現実化させ、かつそれを自覚させることをいう。自覚による現実化については前章で述べた。『ヨハネによる福音書』、『ヨハネの第一の手紙』の場合は愛を語ることが多く、共同体的ではないが（ただし『ヨハネ福音書』一五章の「まことの葡萄樹」、『Iヨハネ書』四章の「わたくしたち」は共同体的）、パウロは「キリストのからだ」としての教会とその構造を語る（『Iコリント書』一二章）。「場」のはたらきは共同体形成的で、その共同体が「統合体」なのである。*

＊　パウロにおいては、「キリスト」も、神と区別されながら神を表現する中間的な「場」であるが、それについては後述する。

なお、場所論は神を人格主義的に語ることを排するものではない。簡略に述べるなら、神が人格主義的に語られるのは、歴史の「出来事」（特に共同体形成的な出来事）に神のはたらきが見られる場合である。旧約聖書の「神」が典型的である。それに対して、「人のなか」に神のはたらきが見られる場合には「神」は「場所論的」に語られる。この場合、信徒のなかでの「神のはたらき」（「神自身」ではない）は「自覚」の内容となる。「自覚」とは認識や理解とは異なり、自分自身のなかに現れて、自分自身を動かすものが、自分自身に知られるという知である。たとえば、理性に目覚めるという場合、その目覚めは自覚である（理性の自覚）。「愛は神から出る」という言葉は、客観的認識ではなく、「作用的一」の自覚を表現する。本書はこの面に集中するので、論述が場所論的になる。神の「人のなか」でのはたらきは「自覚」にもとづいて語られるからである。自覚において、その正当性は――客観的実証でも論理的証明でもなく――、みずからのもとで確認され、語られるのである（宗教言語）。

1・4　神、省察、信と瞑想――本書の内容要旨

1・4・1　省察

ここで、本書全体の要旨を述べておきたい。上記の統合体の典型は、パウロが「キリストのからだ」という「人格共同体」だが、統合というカテゴリーは一般化可能で

ある。それは「省察」することが可能だといった所以で、この一般論は「省察」である。

さて、統合体とは個の集合ではなく、他者なしには自分自身ではありえない「極」のまとまりである。そして、極同士の間には遠近や深浅の度合い、またかかわりの面においても異なる。コミュニケーションがある（情報、信号、必要なものの授受――後述）。すなわち統合体とは、すべての極と極との間に直接・間接のコミュニケーションがあって、極同士はそれによって区別されながら、結ばれ（支え合うだけでなく、一部の暴走を抑制し合う面もある）、まとまりをなすようなシステム、つまりコミュニケーションシステムである。

極は「はたらきの場」において成立する統合体のなかで特定の位置を占める極となり、コミュニケーションの発信者・受信者として特定の機能を受けもつ。それぞれの意味での「はたらきの場」において成り立つ統合体の例としては、原子、太陽系、生体（身体）というような客観的に観察可能なものがあり、他方では、芸術のような「こころの世界」に属するものがある。さらには人格共同体のように、主体的に形成されるものもある。そして、新約聖書（特にパウロ）は、「キリストのからだ」と呼ばれる教会共同体、すなわち統合体を形成する作用に「キリスト」（神の子）のはたらきを見たのである。パウロのいう、信徒の内ではたらく「キリスト」も――ヨハネの「イエス」と同様に――歴史的個人ではなく、人格共同体形成の「場」であり、そのはたらきが人格に宿るときは「キリストの霊」といわれることもある。それは、「人格」を生かすはたらきとして現実化する（『ローマ書』八章9節）。つまり、人格は個ではなく極であり、統合体形成的な「場」のはたらきがそこで現実化する「場所」である。

さて、統合体とは、一方では原子や太陽系のように客観界に属する事物である。そして、統合力は、原子や太陽系を形成するだけではなく、生体を形成する生命力であり、人格共同体を形成するはたらきでもある。そしてそれが、人間の場合、自覚にのぼるのである。そのはたらきは「きよらかな、やさしいこころ」、「平和への願い」、「真実を求め、語る誠実さ」、「無意味に耐える強さ」として現れる。これらは人格共同体を形成する統合作用の諸面にほかならない（後述）。よってこれらを「統合心」と呼ぶことにしよう。すると客観的に統合体を形成する作用は、人格のなかでは「統合心」（前述の「自己」に当たる）として現れ、自覚されて「自我をはたらかせる」ことになる。この場合、われわれに直接知られるものは統合心であって、客観界における統合作用はここから解釈される。ヨハネがいう「ロゴス」はこれに当たる（『ヨハネ福音書』一章1－18節）。つまり統合論は、全体としては自覚にもとづく「表現言語」であって、客観界の解釈にかかわるとしても、単なる記述言語ではない。いずれにせよここでいえることは、統合作用は認識、理解、特に自覚によって確認可能な現実だということである。統合作用は否定すべからざる現実だが、その全貌は下記のように「信」によって露わとなる。それは「信」の対象でもあり、内容でもある。といっても、この「信」は決して単に確認不可能な事柄への「信」ではない。「信」とは統合力に身をゆだね、統合を実現させる行為だが、知全般の放棄ではない。それはたしかに一意的言語を用いる「単なる自我」の知性の放棄だが、「自己・自我」の知性は客観界にかかわる検証可能な知、また自覚による確認可能な知を含んでいる。

1・4・2　神

上記のように新約聖書では、人格共同体を形成する作用は「神の子キリスト」と呼ばれている。つまり新約聖書は人格共同体形成に「神のはたらき」を見たのである。

神の子は神と同等とされるが、「神」とは区別されている（『ピリピ書』二章6節）。すると「神」とは何を指すことになるだろうか。我々は、既述のように、神とは何かを問う前に、まずどこに「神が宿る」、「神がはたらく」といわれるかを尋ね、そののち、それでは「神」と呼ばれているものは何のことかを問題とする。「統合」について略述すると（詳しくは後述）、「場」という概念を用いて語るならば、統合体を形成する「場そのもの」と、「場のはたらき」と、「はたらきを場所に伝達し現実化する作用」とが区別される。言い換えれば、場所論的概念を使って、「場のはたらき」を神の子（キリスト、ロゴス）と呼び、その「はたらき」を伝達・実現して自覚にもたらす「はたらき」を聖霊と呼ぶなら、神とは「場のはたらき、その実現・伝達者」と区別される「場そのもの」を指す。それは世界と人間、存在者の一切が、そのなかにある、無限で究極の場だということになる。

それは、すべてのものがそこにおいてあるがゆえに、眼には見えないが、いたるところにある（遍在する）。そして、場そのものとは何かといえば、それはすべてを容れるがゆえに、それ自身は「空」であり、しかし虚無ではない「創造的空」である。その創造力が場のなかにさまざまなレベルの統合体を形成し、人格に宿っては統合作用（自己）として自覚され現実化される。ただし、それがすべてではない。「神」とは、生と死、存在と非存在、生成と衰滅を超えて包む根源である。

そして、自我（「自己・自我」の自我）は、生きている間は「生・存在・生成、つまり統合」に向かうはたらきを、いま・ここで、自分に可能な仕方で表現するように行動を選択する。ただし念のために一言すると、以上は「場」の概念の分析であり、それだけで「神」の存在が証明されるとか、語られるとかいうことではない。概念の分析には、なんらかの意味での実証的確認が必要である。それは以下のようなことだ。

統合作用は確認可能だといった。では上記の「場そのもの」（神）はどうか。これは直接には確認できない。この究極的な場と、物理的空間との関係を、理論と実験を介して数式で表現することもできない。場所論は記述言語ではないからである。たしかに、「はたらきの場」と「統合」という概念を用いれば、統合作用（統合力）があるなら、統合の場そのものがあるのは当然だということになるが、これはなお推論であって、直接の確認ではない。

知には常に可能な限りの確認（検証）が不可欠である。その手がかりは、上記の「きよらかな、やさしいこころ、平和への願い、真実を求め、語る誠実さ」等々、すなわち統合心にある。それは我々（身体／人格）のなかにあって、自我を統合体形成へと動かすもの（「キリストのはたらき」といわれる）である。すると神は、それを超えつつ成り立たせる（成立根拠）、「すべてにおけるすべて」（『Iコリント書』一二章6節）となる。

「神のはたらき」は客観的にもさまざまな統合体という「場所」で現実化し、また人間主体という場所では、統合心として現実化されるということだ。神自身は直接に経験の対象となることはないが、世界と人間に「統合体」を成り立たせながら、それを超え、その彼方に望まれるものである（信）、そして信のなかで省察と自覚を深め、「統合心の奥」を望ませるのが「瞑想」なのである。本書が「省察、信、瞑想」の三つについて語る所以である。

1・4・3 信と瞑想

「単なる自我」は、自力によって我執・我欲・我意（我《が》による知識や想像、予定や計画や希望などに現れるものを含めて）を滅ぼすことはできない。滅ぼそうとする意志自体が、とかく単なる自我から出るからである。「我執」云々は「我」の放棄、すなわち神（生と死を司る、統合体形成力の奥）にみずからをゆだねる「信」と、「瞑想」によるその深まりによって滅びる。信は「自我」ではなく、「自己」から出るからだ（だから、単なる自我から出る「信」――単なる信念――は宗教性にいたらない）。

信によって成り立った「自己・自我」には、単に自我のはたらきを停止するだけの「瞑想」ではなく、「統合心」から出発する瞑想が可能となる。瞑想とはこの場合、「こころ」を底へと掘り下げる作業、自覚を深めることである。すると、「きよらかなこころ」の底には「静寂」があり、静寂の底には「無心」がある。無心とは仏教用語だが、はなはだ適切なので、用いることとする。換言すれば、ここは仏教との一致点でもある。

無心とは、こころ（意識）の内容一切が無となることだ。すると内容が無となるから、内容を容れる「場そのものとしてのこころ」が露わとなる。それは、上記の究極の創造的空に通じる「創造的空」だ。ここでの「創造的空」と前出のそれとの関係は「類比」である。

「やさしいこころ、平和への願い」についても同様である。この願いから出発して深みへと下る瞑想は、赦し（その裏面は、みずからの罪の自覚である）と一切の受容に到達し、さらに他者への要求がすべて無になるという意味での無心にいたる。そして、この無心はやはり上記の二つの意味で「創造的空」に通じる。

「真実を求める誠実」から出発しても同様である。ここで言語が明かすことは、一部一面であって全面ではないという、言語の「仮構」が明らかになる。これは「直接経験」の現成《げんじょう》へと導くが（後述）、直接経験は言語世界の無だから、無心につらなり、無心はさらに創造的空に導く。なお、「無意味に耐える強さ」は「創造的空」に生かされるという覚のなかで可能となる。

つまり世界に見られる統合体と、人間主体の統合心とが、ともに「究極的な統合の場」のなかにあって、統合を現実化する場所であるということへの「信」から始まる瞑想がある。統合心の自覚の深化が、「創造的空」に導くのである。この場合の創造的空は、まずは場としての「こころの空」であって、上記の「神、場そのもの」ではないが、「場そのもの」の類比であり、比喩だといってもよい。自覚の深まりは、まずははたらきの場としてのこころの「創造的空」を、さらにこころを超えて一切を包む「場そのもの」の深みを——仄《ほの》かに——直覚するのである。それは「神」自身を直接に認識することではない。しかし、「愛する者は神を知る。神は愛であり、愛は神から出るからだ」（『Iヨハネ書』四章7‐8節）という仕方での認識がある。「愛」する人は、愛に神のはたらきを見て、愛は神から出ることを「知る」という仕方で、神を知るのである。同様に、こころが創造的空であることを知る人は、こころの創造的空が、世界を超えた究極の創造的空を映すことを、「仄かに直覚し、見通す」という仕方で「神を知る」。それは先に述べた「信」と別物ではない。信に含まれる覚《かく》であり、信はこの意味での覚を含む（伴う）ことによって、信なのである。

なお、ここでコメントしておきたいことがある。客観的統合の根拠を求めて、それを明らかにすることはできるのかもしれない。現代の科学では、物質界が、物理的空間を含めて、生成したものだと考えられているのである。しかし、客観的に見られた「創造的空」と、自覚の底に見られる「創造的空」とは同じではないであろう。それは、客観的に見られれば脳細胞の活動であるものが、主体的に自覚されれば「こころ」であるというような、同一と差異があるということだろう。本書はもちろん、後者の道を行くものである。

第四章　統合作用・統合体・統合心

1　統合の概念について

宗教の中心は、いかなる「はたらき」を経験して、「ここに神が宿り、はたらいていると語るか」ということにあった。ところで我々は——新約聖書に従って——全人格的に実感される「統合作用」に「神のはたらき」を見るのである。

統合ということについて、私はすでにしばしば書いてきたし、以下の叙述も、若干の発展はあるとしても、従来のものと大きく異なるものではない。しかし、本書の中心的主題が「統合作用に神のはたらきを見て、そのはたらきを自覚的に実現せしめる道を探る」ということである以上、やはり論述の順序として統合論を概説しておかなければならない。統合という概念は新約聖書から取られたものである。したがってまず、統合にかかわるテクストを挙げておく。

以下で述べるのは、「神」(ここでは「人のなかではたらく神」すなわち「キリスト」)は統合作用の「場」であり(人はキリストのなかに)、信徒の身体は(「聖霊」によって)統合作用が実現する「場所」（キリストは人のなかに）だということである。

1・1　統合を語るテクスト

『ローマ人への手紙』一二章4－5節

我々は一つの身体に多くの肢体を持っていて、各部分のはたらきは同一ではない、そのように、我々多くの人間はキリストにあって一つの身体であり、それぞれが互いの肢体なのである。

『コリント人への第一の手紙』一二章4－31節

主題　万物のなかではたらいて万事を成り立たせる
　神（6節）の「統合する」はたらき。

[4]〔神から与えられる〕賜物〔能力――以下同様〕はさまざまだが〔さまざまに配分されて
いるが〕、〔それを与える〕霊〔聖霊〕は一つである。[5]〔教会での〕務めはさまざまだが、〔そ
れを割り当てる〕主〔キリスト〕は同一である。[6]〔人の〕はたらきはさまざまだが、万物
のなかではたらいて万事を成り立たせる神は同一である。[7]〔全体の〕益のために各人に霊
〔のはたらき〕が現れる。[8]ある人には霊を通じて知恵の言葉が与えられ、他の人には同じ
霊〔のはたらき〕による知識の言葉が、[9]他の人には同じ霊にもとづいて信仰が、他の人に
は一つ霊にもとづいて病を癒す賜物が、[10]他の人には〔超〕能力が、他の人には預言が、他

の人には霊を見分ける〔能力〕が、別の人には〔種々の〕異言が、他の人には異言を翻訳する〔能力〕が与えられる。[11]これらすべてをはたらかせるのは同じ一つの霊であり、〔その霊が〕欲するままにみずから各人に配分するのである。[12]あたかも身体は一つでありながら多くの部分から成り、身体のすべての部分は多でありながら身体は一であるように、キリストもまた同様である〔ここではキリストとその身体としての教会が等置されている。教会はキリストのこの世における現実性である〕。[13]それは私たちすべてが同一の霊に浸されて一つからだに〔組み成された〕からである。それは〔つまり〕ユダヤ人であろうと、ギリシャ人であろうと、奴隷であろうと、自由人であろうと〔差別なしに〕、〔神が〕私たちすべてに同一の霊を飲ませたということだ。[14]それは〔他方では〕身体は一つの部分ではなく、多くの部分〔から成る〕ということだ。[15]もし足が、私は手ではないから身体の一部ではないといっても、だからといって身体の一部でないわけはない。[16]また耳が、私は眼ではないから身体の一部ではないといっても、だからといって身体の一部でないわけはない。[17]もし全身が眼だったら聴覚はどこにあるか。もし全身が聴覚なら、嗅覚はどこにあるか。[18]さて神は諸部分を〔配〕置した。その一つ一つをその欲するままに身体のなかに置いたのである。[19]全体が同じ部分だったら、身体はどこにあるか。[20]こうして部分は多だが身体は一だ。[21]眼は手に向かって、お前など要らないとはいえない。また頭は足に向かって、お前など要らないとはいえない。[22]それどころか身体の弱くみえる部分こそが不可欠なのである。[23]私たちは身体のみっともないと思える部分を見栄えよく装い、恥ずかしい部分は品よく見せる。[24]

〔もともと〕品のよい部分にはその必要がない。いや、神は身体を、劣ったところにより多くの価値を与えつつ、組み立てたのである。[25]それは身体に分裂が生ずることなく、諸部分が等しく互いに配慮し合うためだ。[26]さらにいえば、〔身体の〕一部分が苦しめば全体がともに苦しみ、一部分が輝けば全体がともに歓ぶものだ。[27]あなたがたはキリストのからだであり、各人がその部分である。[28]それはこういうことだ。神は教会のなかの人々を〔それぞれに能力を配して〕、第一に使徒として、第二に預言者として、第三に教師として、それから奇跡能力者として、それから癒しの賜物をもつ者、助ける者、管理する者、異言を語る者として、置いた。[29]全員が使徒だろうか、全員が預言者だろうか、全員が教師だろうか、[30]皆に癒す能力が与えられているだろうか、皆が異言を語るだろうか、誰にでもそれが翻訳できるだろうか。[31]あなたがたはより大きな賜物を熱望するがよい。

さて、ここに述べられている構造をもつ人格共同体を、本書では「統合体」と呼ぶ。引用されたテクストは、統合体のモデルを示している。パウロは、統合体形成に「神」のはたらきを見ているのである。本書の用語では、神は統合体形成の「場」であり、信徒はそれぞれの能力を備えて統合体を形成する「場所」である。統合体とは、自由な個がそれぞれの役割を果たし、個と個、また個と全体とは、必要なものを与え合い、配慮し合って助け合う。その結果、以下に述べるコミュニケーションのネットワークが成り立つ。全体には秩序があり、一つのまとまりをなしている。このような共同体において、各々の個のなかに「キリストが宿」り、全体としても「キリストのからだ」といわれる。キリストは統合体全体を生かす「いのち」（統合力）であり、「聖霊」は統合体を実現せしめる。ただし、本書でいうコミュニケーション（共有化）とは、言葉によるコミュニケーションだけではなく、各人が、それぞれの能力にふさわしく、他者に必要なものをつくり、必要なところに提供し合って、過不足のない配分がなされることをいう。すなわち、広義の共有化と解されている。

2　コミュニケーションシステムとしての統合

2・1　人格

人格とは、コミュニケーションのネットワークのなかで、自分自身に割り当てられた仕事を果たす責任主体のことである。というのは、人格と訳されるペルソーナ（ラテン語）は、元来古代ローマの演劇で用いられた仮面のことであった。それから言葉のやり取りのなかで果たされる役割のこととなり、舞台から降りて日常生活で用いられる語になると、言葉のやり取りのなかで自分の役割を果たす責任主体のことになった。我々も「人格」をこの意味で用いる。

さて、人格共同体を扱う際に、微視的観点からはまず人格間の相互作用が問題となる。この相互作用は、共同体を成り立たせ、維持するものだが、社会学的にはその内容は広義での等価交換（一意性の事柄であることに注意）と考えられている。しかし、統合体では他者に与えること、つまり与え合うことが基本である。

2・2　コミュニケーション

若干の説明を加えると、ラテン語のコムニオ（communio）とはもともと何かが共有されている状態のことだが、これは人々が、たとえば井戸を共有しているというようなことだけではなく、パンを各メンバーに分け与えるような共有であり、現代では情報を共有するという意味になる。意志を伝達し合って合意が形成されているということである。

さて、コムニカチオ（communicatio）はこのように共有させること、たとえばパンなり情報なりを、必要とする人に提供することである。そのためには、一方では誰がどこで何をどれだけつくり、他方では誰が何を必要としているかが関係者に知られ、必要なものが提供され、またそれが実際に提供されるか、また提供されたかどうかが関係者の間で確かめられることが必要である。つまり、この意味での情報の交換が不可欠になるわけだ。

ただし我々は、コミュニケーションという言葉を情報によるコミュニケーションだけではなく、各人が財（モノ、カネ、人などを含めた）をつくり、それが必要とする人（必ずしもそれを欲しがる人にではない）に伝達・提供されるという意味に使う（実質的コミュニケーション）。つまりメンバーは互いにつくり、与え合うということが、コミュニケーションシステムの本質である。

2・3　統合体・平和

そうするとわれわれはここで、統合された人格共同体とは何のことか、一応の定義を与えることができる。それはコミュニケーション（必要物の要請、産出と伝達・授受、確認）が任意の共同体のメンバー相互の間で、さらに中心と周辺との間で、結局は全員の間で、妨げられずに営まれる共同体のことである。それを「平和」と言い換えることができる。そのためには情報センターと、また共同体の意志を決定して遂行する機関とが必要である（後述）。統合体の特徴は、先の引用に見られるように、共同体のなかで、特に中心と周辺との間で、役割には違いがあるが、必要な生産と給付がなされ、不当な差別と格差がないことである。コミュニケーションの重要性は、身体のなかでは細胞レベルにいたる部分相互の間で、常に情報的コミュニケーションと物質的コミュニケーションが営まれていることにある。それは、それが阻害されれば身体は病み、それが途絶えれば身体は死ぬことを考えれば明らかである。

2・4　統合体と倫理

なお本書は、倫理を主題的に扱わないので、ここで倫理についてごく簡単に一言しておく。「モーセの十戒」と「仏教の五戒」は、古今東西の基本的倫理を表現していると思われるが、その共通点は、殺してはならない、姦淫してはならない、虚言してはならない、盗んではならないということである。これらは以下の1、2、3、4に対応する。つまり基本的な倫理は統合体を形成させ、守る基準になっているのである。

1　統合体において、個は後述のように「神のはたらき」を具体的に実現する場所として尊厳である。さて、個は具体的には身体（心を含む）だから、身体の自由と安全を犯してはならない。

2　また身体には必ず両親があり、また家庭もあるのが普通だから、家庭生活を犯してはならない。

3　統合体のメンバーは、基本的には個性と能力にふさわしいものをつくり出して交換するが、この運用については正しい情報が不可欠であり、したがって言葉によるコミュニケーションの正しさが守られなければならない。

4　共有化については一般に労働と労働の対価、所有の権利、交換の公正が保障されなければならない。

3　統合体とその構成要素

3・1　極とまとまり

統合された共同体においては、メンバーは古典的原子論におけるようなアトム（互いに無関係に独立し、相互間にコミュニケーションもなく、自分自身によって存立する恒久・単一・不可分の実体）ではない。またアトムに準じて考えられる、いわゆる個（他者と関係なしに、自分自身によって自分自身でありうるような実体）でもない。

統合された共同体において個は、磁石の両極のように、対極なしには存立できない「極」である。極同士は、性質は異なるけれども、まさにその違いによって、互いを必要とし合い、全体を成り立たせるのである。極同士は、区別はできても切り離すことができない。産出と授受により、コミュニケーションのネットワークのなかで存立する個は、実は他者なしには存立できない「極」である。

我々が言語を使うことを考慮しただけでも、「個人」（西欧語の individuum はギリシャ語アトモン〔不可分割者〕のラテン語訳）ではなく、極であることは明らかだ。私が語るとき、私は語る私である。ところが私の言葉を聞く人がなければ、語る「私」の現実性はない。語りかける「私」は、それに応答する「あなた」なしには存在できない。これは広義には授受一般についていえることである。だから「私」は極であって、対極なしには自分自身であることはできない。

それは統合体をコミュニケーションの「現場」と捉えるとき、さらに明らかとなる。人格はコミュニカント（コミュニケーションを営む者）であり、古典的な「アトム」ではなく、極である。それは以下に述べる「フロント構造」において確認される。人格は自分の内に相手のフロントを取り入れて宿す（自分の一部へと変換する）。それは本人自身の構成要素としてはたらくのである。したがって、「統合体とは極から成るまとまりである」といえる。ただし極としての人格が統合体のなかで果たす役割は、あらかじめ決定されたものではない。

人格の本質は――創造的空にもとづく――創造的自由である。したがって極の集まりとしての統合体のあり方は常に変わってゆくものである。人格共同体は、有機体（生体）のように、部分の役割がはじめから一定不変であるようなものではない。極と極との関係も、有機体におけるような密接不可分のものではない。生体では、たとえば心臓と肺を切り離せば両方とも死んでしまうが、人格同士の場合は、結合ははるかに緩く自由でもある。この自由は、必要なときには報いなしにつくり与える自由として現れる。

3・2　普遍とまとまり

人格は個ではなく、極である。さて、一般に個と対立するものは普遍である。普遍とは、ある集合をなす個のすべてに通じる一般である。これは後述の「統一」に相当する。ところで一極の反対は「一般」ではなく、「まとまり」である。それがあるのは、互いに性質を異にする極同士の間に関係性があり、互いを必要とし合う結果、求心力が生じるからである。我々（自我の知性）は知識を整理し組織するとき、「個」とそれを含む「一般」という枠組みを使う。たとえば、動物の分類については、個々の猫、猫属（家猫）、猫科（ライオン、虎、豹、チーター、山猫など）、ネコ科を含む哺乳動物、脊椎動物……、という具合に一般化（抽象化）して、最後は動物と植物、生物と無生物、存在と無というような区別にまでいたる。しかし極の場合は、一般性ではなく、相関とまとまりが重要である。個々の内臓・器官・部分は相互にかかわり合って身体という一つのまとまりをなすことで生きている。それに対して、たとえば心臓一般という概念は医学的知識に属するわけである。普遍性は知識の事柄である。それに対して我々が生きる世界は、極と極との直接のかかわりの現場である。換言すれば、統合体とは極のまとまり、多極的統合である。

3・3　フロント構造

3・3・1　フロント構造とコミュニケーション

私の仕事部屋に時計がある。家を買ったとき、友人がくれたものだ。時計は、いまは私のものであり、私の仕事部屋の一部分である。しかしそれは、彼の友情の徴《しるし》であり、それを見て彼を思い出すとき、私はいわば彼に出会う。時計は、私の部屋の一部でありつつ、彼の好意を表出する、彼の「フロント」だということができる。

ある人のフロントが、その人を表出するままで、他の人あるいはその人の所有の一部に変換されているとき、私はそれを「フロント構造」と呼ぶことにしている。この構造はコミュニケーションが成り立つところに現れる。

フロント構造は、たとえば受精卵が分裂して多くの細胞また器官に分化しながら一個のまとまった生体と成るとき、また成ったとき、その細胞同士また器官同士の間に見られるような関係である。心臓から肺に送り込まれる血液は心臓のフロントとみなすことができるが、その血液は肺のなかで、肺のはたらきの一部として機能する。逆に肺のなかで酸素と結合した血液が心臓（また他の器官）に送り込まれるとき、それは心臓や他の臓器の不可欠の要素として機能する。このような相互作用、すなわち体内の一つの器官が、他の器官から送られるそのフロントを、自分自身の一要素に変換する作用は、体内のいたるところに見られるものである。そもそも新陳代謝（ギリシャ語のメタボレーに由来するメタボリズム）とは、このような変換のことだ。それは、器官同士の情報的・物質的コミュニケーションにおいても確認されることである。

他の例を挙げよう。素粒子論において知られていることだが、中性子や陽子のような重い粒子は中間子を交換することによって結合されている。一般に素粒子同士は光子をやりとりして結合されているとのことだが、これもフロント交換という相互作用による結合と見ることができる。

一見相互作用など存在しない静的な存在においても、我々はフロント構造を、少なくともその類比を見ることができる。絵画の場合、その部分は——樹なら樹は——特定の色と形とをもって特定の場所に描かれているが、それは他の部分を前提ないし予想して描かれているものである。たとえば、キャンバスに描かれている家は、それ自身を中心としていわばその雰囲気を広げており、それは遠くなるほど希薄になるものだが、描かれる他の部分の存在条件となっているものである。絵のなかで古寺の隣にパチンコ屋があるのはそぐわないだろう。絵のなかで部分が広げる「雰囲気」はその部分のフロントとみなすことができる。互いが互いの雰囲気のなかで自分を主張する。つまり、互いに他者の雰囲気を自分自身の存在条件に変換し合っている。そのとき、われわれはそこに調和があるという。そのとき、絵全体も一つの雰囲気を醸し出すのだ。

逆の例もある。友人からもらった時計は、私の部屋のなかでフロント構造をつくり出す。しかし、私が店で買った時計はこの構造をつくらない。それは私が所有する、時を計る機械であって、誰をも表現していない。売買はフロント構造を消滅させるのである。しかしながら、我々がそこに時計の製作や売買にかかわった知らない人のフロントがあることに気づくなら、我々はさらに、我々の身体の全体も自分の一部に転換された他者のフロントから成ることにも気づくだろう。我々のからだを構成する物質はすべて、もとをただせば、かつて星が核融合を起こして「燃え」、さらに超新星爆発や中性子星の衝突などが起こった結果、つくり出されたものだという。それが我々の身体の一部に変換されているわけである。

とはいえ、一般にフロント構造は、それと知られなければ、関係性の自覚を生まないものだ。典型的なフロント構造は、前述のように人格同士の言葉の交換に見られる。私が読んだり、聞いたり、学んだりした他者の言葉が私のなかにとどまり続け、ついには私自身の言葉の世界の一部となることがある。その言葉が私の言語世界に影響や変化をもたらすことも大いにありうることだ。さて、その言葉は私のなかでそれを語った人のフロントであり続ける。それはその言葉を語った本人が、もはやこの世にいないとしても同様である。たとえば、イエスの言葉がそうだ。

この事態を一般化することができる。私の身体のいかなる部分も、単に私が私自身で私のなかからつくり出したものではない。私の身体も、私が使う言葉も、もともとは私の外から私にはたらきかけ、それを私が自分の一部に変換したものである。私がそれに気づかなくてもそうなのだ。ただし外からくるもののすべてが、私のなかでフロント構造をつくるのではない。それは私の存在を脅かすこともある。排除されることもある。他者のフロントを同化するために大変な努力を要することも稀ではない。

しかし、フロント構造がつくられれば、それは他人のフロントが自分の一部へと変換されたものだから、もはや異物ではない。それは既存の構成要素と一緒に私自身の生と思考と行動の構成要素となるのである。たとえば、そこから展開する私の思想は、私の思想であってもはや押しつけられたものでも借り物でもない。つまりフロント構造においては自由（自己同一性）と関係性（相互作用によって変わること）が両立するのである。両者は矛盾するものではない。

事実、身体内の諸器官の間に成り立つフロント構造は、器官の自己同一性を損なうどころか、その存立だけではなく、諸器官の協働を成り立たせるのである。換言すれば、フロント構造において個性あるいは自己同一性は、他者との関係のなかで成り立つことが明らかとなる。フロント構造は、対立するもの同士の共存ないし共生の構造を示すものだ。この事実はまた、統合された共同体におけるコミュニケーションがメンバーの共生を可能とすることを示す。

それはさらに、たとえば諸学の統合がいかにして可能であるかを示唆する。諸学問間でのコミュニケーションがフロント構造を成り立たせるならば、つまり他の学問分野での成果が自分の学問の一部となって機能するならば、諸学は統合されるといえる。実際、これは学際的な研究で見られることである。相対的独立性をもつ諸学の統合は、かつて考えられたような幾何学的体系として完成されるものではない。もっとも、残念なことに現在のキリスト教学においては、聖書学と組織神学と実践神学の間にこのような関係はほどんど成り立っていない。

3・3・2　変換と因果律――フロント構造とコミュニカント　ここであらためて、「変換」という概念を説明しておく。相手のフロントを自分自身の一部に変える作業は変換であって、因果ではない。変換とは、自律的なシステム同士の間に対応関係をつくることである。わかりやすい例は翻訳である。英語を日本語に直す作業は変換である。これは英語という言語システムの一部（フロント）を日本語に直して、日本語の言語システムに組み込む作業である。その場合、翻訳者がいて訳文をつくる。その原文と訳文とには対応関係があるはずだが、どんな訳文がつくられるかは訳者によって同一ではない。訳者（変換者）の理解力と作文力に違いがあるだけではなく、言語表現に関しても訳者には一定の自由があるからだ。だから原文と訳文との間には、必然的な一対一関係はない。聖書翻訳においてもさまざまな訳が可能である所以である。

これに反して、たとえば水をボイラーに入れて加熱すれば、水蒸気が発生するが、ある温度、ある量の水にどれだけの熱を加えれば、特定の気圧のもとでは何度の水蒸気がどれだけ発生するかは計算可能、予測可能である。これを水はボイラーによって蒸気に変換されるともいえるが、この場合、水が蒸気になるについては必然性があるから、この場合は「因果関係」が成り立つ。つまり、加熱が原因で水蒸気の発生は結果だが、ここには一定の関係があって予測可能である。

このような因果関係が線型であるのに対して、変換は非線型であるともいえるだろう。すなわち変換とは相対的自律性をもつシステム同士の間に対応関係をつくることである。自律性のあるシステムは、他者のはたらきかけ（フロント）によって直接決定されることがない。それは他者のフロントを取り入れて自分自身の一部へと、あるいは自分自身の存立の一条件へと、「変換」するのである。

だから取り入れられたフロントも、取り入れたシステムも、多少なりとも変化するわけだし、どう変わるかは必ずしも予測可能ではない。要するに自律的システム同士の関係は「因果関係」ではなく、作用と変換との関係である。したがってフロント構造を本質とする統合体（たとえば、身体）の場合、一般にそれを「一意的因果論」によって操作・制御することはできない。

換言すれば、統合体は一意性・必然性を求める知性によっては把握不可能である。統合は一意性・必然性を求める自我の知性には理解不能・処理不能である。要するにフロント構造は、あるシステムが他者のはたらきかけを受けて、それを自分自身の一部、あるいは自分の存立の一条件へと「変換」することによって生起するものである。これを「フロント同化」と呼ぶこともできる。以下にその例を挙げる。むろんフロントによっては取り入れられず、拒否されるものも多い（体内に入った異物は排除される）。まずは、同化の例を挙げる。

３・３・３　フロント構造と感覚——感覚についての再説　感覚（生体に備わっている感覚情報）は、生体にとってもっとも基本的な現実である。視覚、聴覚などどれも同様だが、身体は内外に由来する物理的・化学的刺激を感覚へと変換する。ところで感覚は、前章で述べたように、外界の刺激が生体にとってもつ意味の情報である。その際、中心的に関与するのは感覚器官と脳であるが、感覚は全身的な（全身にかかわる）現実でもある。ところで我々には、脳細胞が感覚そのものをつくりだす現場を直接観察することはできない。感覚は外から観察できる客観的物質ではないからである。一般に刺激「物」と感覚とは、存在の異なるシステム（次元ともいえよう）に属する。指に刺が刺さって痛いという場合、刺は原因で痛みは結果だというのが普通だが、実はこれは変換関係だから、ここには対応関係はあっても一意的・必然的な関係はない。実際、我々が何かに夢中になっているときは痛みを感じないことがある。感覚だけではなく、物理的・化学的作用と身体の反応との間にも対応関係はあるが、一意的・必然的関係は必ずしも存在しない。

同一人が同一の薬を同じ量服用しても、効き方は身体の状況によって異なる。「健康法」の効果も人によって異なる。自律的システム同士の相互作用は一般に、因果ではなく変換というほうが正確である。自律的システムでなくても一般に因果関係は、天体の運行のように、質量と速度と重力を考慮すれば計算できるような、単純な場合には威力を発揮する。あるいは、複雑な作用が関与していても、一部一面だけをとれば、有効であることが多い。

地球上の気象全体についての長期の予測は困難でも、特定の台風が接近した場合の風速や雨量については予測が可能である。学問には諸領域があって、それぞれの領域ではその領域に固有の意味での因果関係が語られる。しかし、包括的存在全体の動きと変動を説明するような一意的因果性が存在しないことも、因果律の適用の限界を示している（たとえば、相対性理論と量子力学はまだ統一されていないようである）。要するに、因果関係（あるいは、自我に固有な知性）は、比較的単純な場合、あるいはいま・ここで行動を選択するというような狭い範囲では有効に用いられる。それに対して統合は全体性の事柄であり、一意的記述に馴染まない。

3・3・4　感覚と直接経験

感覚についてさらに注意すべきことは、感覚はたしかに外部から身体にはたらきかける他者の感覚だが、他方では、私の感覚は私の身体の営為であって、その限りでは私の身体的事実である。感覚は外部に由来する情報だが、自分自身の身体感覚でもあるということだ。たとえば、指で机に触ったときの感覚は、机の感触であるのと同時に、圧迫され、冷えてゆく指自身の感覚でもある。指を動かせば前者が、静止させれば後者が、前面にでる。これを拡張して、知識・判断以前、あるいは言語化以前の感覚（むしろ直観）だけをとれば、それは外部に由来するままで私自身の身体的営為だから、直観された「客観」は、客観であるままで、私の身体的営為として「主観」に属する（主観即客観）。その直覚は「主－客の直接経験」といわれる。

一般に感覚という変換作用には主観即客観という面があるが、これは刺激と感覚とを分けた上で考えられる「因果」関係では説明がつかない。直接経験がもとであり、「主観と客観との分離」は判断（言語を用いる情報処理）の結果である。そもそも同一の刺激が同一の感覚を生むとは限らない。刺激→感覚の変換は人間誰にでも共通するものであり、おそらくは動物一般にも共通するものであろう。他方、感覚器に障碍があれば、感覚も正常ではなくなる。変換に異常があれば、幻覚などが生じるであろう。ここにも感覚が変換であって、単なる因果ではないことが示されている。

3・3・5　フロント構造と新陳代謝　身体は飲食によって他者（のフロント）を自分のなかに取り入れて身体の一部に変換し、不要となったものを排出するが、食される他者は破壊されてしまう。だからこの場合、食する個と食される個との共存は成り立たない。もっとも稲なら稲という植物の全体を考えれば、稲はその一部を人間に食べ物として提供することによって、人間の生存と同時に稲自身の繁栄を可能にしているともいえる。

生物界には個ではなく、「種」のレベルで見るときに確認されるフロント構造がある。ライオンが草食動物を捕食することによって、後者が繁殖し過ぎて絶滅するのを免れているような関係である。これは生物一般の世界では、人間の場合とは異なって、種の保存が個の保存に優越するからであろう。

新陳代謝ということを考えてみれば、ここでも私である身体とその構成要素はすべて他者に由来することは明らかである。そもそも精子と卵子とが合体して身体となって以来、身体は他者のフロントを摂取し、自分の一部に変換することによって成り立っているのである。換言すれば、「私であって、私以外の何ものでもない」ような実体は、私のなかにははじめから存在しない。

3・3・6　フロント構造と学習

この世に生まれた人間は、学習なしに社会生活を営むことができない。言語も教えられ、習得して使えるようになる。私が「語る」とき、「私」は他者がつくった言葉を習得して、自分の言葉に変換したのである。こうして私は私となる。私とは言葉を用いる自我であり、実社会では言葉を使う人格だから、言葉のやりとりなしには社会人として存立できない。

さて、幼児は言語を通じて知識を獲得するが、そもそも幼児はこの社会に何があり、いかなる仕組みになっているか、いかなる状況のもとでは、いかに振る舞うべきかを学習するのである。その際、幼児は重要な社会的規範を主として父から学ぶのが通例だが、幼児は学んだ規範を「内在化」する。つまり自分で自分を規律する規範に変換するのである。一般に子供が接する文化はこの社会のフロントだといえるが、子供はそれを同化することによって自分自身のものとするのである。そうでなければ、いつまでも他律のもとに置かれてしまう。この意味でも、人間は孤立した個ではなく、他者なしには自分であることができない「極」である。

3・3・7　フロント構造と一意的言語――同一と差異、宗教言語の排除　我々の知識も言葉も、「同一と差異」というカテゴリーにもとづいている。そもそも古典的論理学の公理、同一律（AはAである）、矛盾律（Aは非Aではない）、排中律（Aと非Aとの間に、Aでも非Aでもあるような、中間者は存在しない）が、「同一と差異」というカテゴリーの存在を示している。言語の一意性はこの原則にもとづく。

それに対して「フロント構造」には、客観は主観であり、他者は自分である、といえるところがある。むろんそれは、「特定の観点からは他者であるものが、別の観点からは自分の一部である」ということであって、同一律、矛盾律、排中律の全面的破棄ではないが、無条件的な一意性が妥当するものではない点が注意されなければならない。

一意的言語は統合体に適用された場合、その全体ではなく、一部一面でのみ妥当する。あるいは、一意的言語の使用が――しらずしらずのうちに――絶対化されている場合には、「統合」は理解されない。一意的言語が支配するところでは「統合」（たとえば、宗教と宗教言語）は無視・排除される。

3・3・8　フロント構造としての分化と統合　右に記したことは一般化することができる。一般に作用は、常に相互作用である。そして社会を構成するのは、まずはメンバー間の相互作用である。

自分の行動は、それが及ぶ他者を前提するのだが、社会が共存・共生のシステムだというとき――典型的には助け合い、補い合う場合だが――、私は他者の存在と行動を、私の存在と行動の前提にしている。直接に助け合わない場合でも、分業が成立している場合には、お互いがお互いの存立条件と「なっている」か、あるいは自分の存立条件へと「変換」し合っているのである。たとえば大学において、学生は事務職員から直接学ぶわけではないが、職員なしには授業も成り立たない。職員は学生の学習・研究活動の存立条件になっている。また学ぶとは、学んだ知識を自分自身の知識の一部へと変換することだが、それなしには新しい展開もできない。

他方、他者の存在と行動を自分自身の存在と行動の条件へと直ちに変換できない場合には、他者は邪魔ものになるわけで、互いに排除し合うから、争いが生じる。この場合、関係の内容自体を変えることも必要だが、いきなり他者を排除ないし滅ぼすのではなく、互いに他者を自分自身の存立条件へと変換するという創造的な努力が要求される。そのためには――嫌でも、腹が立っても――相互受容と忍耐と譲り合いが、場合によっては妥協し合うことが必要である。これは平和への努力だが、互いに逆境をなんとか自分の存立ないし進歩の条件に変えるということでもある。これらの場合、多少なりとも自分自身も他者も変わるのである。一方的な勝利と征服だけを求めるのは、我執によるところが大きい。

統合を可能とするについては、メンバーが一方的に譲り与えることが必要になる場合もある。この意味でも、統合体においては一意性（たとえば、等価交換）には限界がある。宗教が――倫理も同様だが——、争いではなく、平和を求める所以である。

一般に分業は、上記の構造を持っている。分化は統合の他面だが、分業とは（情報的・物質的）コミュニケーションのなかで成り立つものである。一般に、分化は統合の他面である。統合体は分化してゆくものなのだ。統合体の進化とは、分化と統合がより複雑になってゆくところに見られる。

以上、極同士の関係を語ったが、さらに極と「全体」との関係も、一方が他方を自分自身の存立条件に変換することで成り立つ。ところで、統合体においては「まとまり」が、機能上は支配や法や倫理として表現されるような統一面（秩序、構造）を要請する。しかし、統一面は統合の一機能であって、それが一方的な支配力として部分、また極に一定の役割を押しつける場合は、統合体の変質をもたらす。社会は「極」性を失った「個」の自己主張と、自由を抑圧する「統一」の支配とによって、歪み分断され、変質する。

これがわれわれの社会の実態である。「単なる自我」は社会を分断し、統一が優越すると「極」の創造的自由が成り立たない。この意味で統合体は、秩序のない個のアナーキーでもなければ、江戸時代の日本のように身分と役割とが固定されていて、安定してはいても停滞しがちな社会でもない。むろん、全体主義的国家のように統一が自由を圧殺するようなものでもない。だから統合された社会には民主制がふさわしい。ただし民主主義とは、もともと各メンバーがそれぞれの立場から全体の利益を提案して議論を闘わせ、もっとも説得力のある意見が採用されるシステムであって、多数の利益が少数者を無視する制度ではない。

4　統一、自由、統合

社会には、全員の意志を決定する公認の機関がある。その機能は――立法、司法、行政を総称して――「支配」と名づけられる。さらに社会の構造と秩序、規範や規則などのように、合意と裁可によって成員すべてに妥当する（通用する）現実性がある。本書では、社会のあらゆる成員に等しく妥当するような要素が「統一」と名づけられる。社会の構造と秩序と規則は統一面に含まれ、役職はそのなかに位置づけられる。国家規模の社会では言語、法、倫理、価値観、通貨、通念などがそれに当たる。

重要なのは権力である、政治は相争う諸勢力間に合意を形成する営為だが、決着をつけるのは権力であって、権力は支配－被支配の具体的関係、つまり秩序をつくる統一力である。これは同一の支配－被支配関係のなかにいる個に等しく妥当するものだから、権力は「統合力」ではなく「統一力」である。

なお前章との関連でいえば、統一は一意的言語で表現される。一意的言語は事柄の統一面を表現するといってもよい。普遍性や法則は事柄の統一面であり、因果、目的・手段、位階や序列も、当該関係に含まれる「個」に等しく妥当する統一である。宗教社会ではしばしば構造や秩序だけではなく、「聖典」の言葉や「教義」が統一として機能する。

5　統一の諸相

5・1　統一と統合

統一は社会（秩序）の安定と維持のためには不可欠の要素であり、したがって人格の統合体にも不可避である。それは身体の「構造」のように、部分が入れ替わっても不変であり、したがって自己同一性を保持する要因でもある。しかし、社会的統一は個人の自由を制約し、拘束したり抑圧したりする社会的圧力として機能しうるのである。その圧力が個人の自由を侵害する程度によっては、個人はそこから自由となって、新しい統合を形成しなければならない。一般に社会は個と個、個と統一、統一と統一のせめぎ合いの現場として理解されているが、とかく見逃されがちな「場の統合力」（後述）を考慮に入れなければ、社会は理解されない、と私は考えている。

思考においても、複数の個に妥当する一般性がある。これも同様に統一と名づけることができる。第一章で述べたことであるが、その主なものは「普遍性」（法則）である。因果論と目的論も、あるいは支配－服従関係も、序列や位階も、複数の個を「同じ」意味連関に含まれる個として、直線的に系列化する。ゆえに、これらも統一に含めることができる。

一般に系列化する統一は、一方的で相互的ではない。重要なことだから角度を変えて繰り返すと、統一は「一意的言語」によって表現される。あるいは、一意的言語は現実の統一面を表現するといってもよい。一意的言語は複雑な現実の同一面、たとえば普遍妥当的な認識を語るからである。換言すれば、「統一」は矛盾を排する。統一を貫くために、みずからを否定するものを排除するといってもよい。要するに、一意的言語で語られる普遍妥当的な「認識」は現実の統一面を見るから、「統合」面を見失うのである。一意的言語に固着して統一面を志向する思惟は、統合をも、その一面であるフロント構造をも、理解しえないという経験的事実がある。以下では、「統一」のなかでも重要なものについて述べる。

5・2　規範

あらゆる社会には、成員が守るべき規範という「統一」がある。社会は生物一般と同様、静的存在ではない。社会は常に新しく生成するものだ。それは出来事であって、静的に存立する「モノ」ではない。したがって社会は秩序を保ちつつ社会として存立するために、規範を必要とする。また規範の侵犯は当然ながら悪として罰の対象となる。しかしながら、本来は統合の一要素として意味づけられる規範が、統合との関係では問題的なものとなることがある。思想と行動の規範は、個の自由を抑圧する圧力となりうるということだ。これは実際、全体主義的な国家また原理主義的な教団、その他教条と秩序の維持を最重要事とする社会（集団）で起こったこと、起こりうることである。

規範には他の問題もある。倫理的・法的行為において人は規範を守ることだけを考えて、それがもつ意味を見失うことがある。換言すれば、行為が倫理的・法的規範にかなっているかどうかだけが問題となって、行為がその対象や人間生活一般に及ぼす意味や影響は考えられないことがある。規則は守りさえすればいい、というのは道徳（法）のひとり歩きであって、規則の意味をも他者との現実的関係をも見失うことだ。

これは律法主義、また制度化された組織において起こりがちなことである。そうなると実質的なコミュニケーションは不全になり、社会の統合は悪行の場合と同様に歪められることになる。イエスは、律法は人間のためにあるもので、人間が律法のためにあるのではないと語った（『マルコ福音書』二章23–26節参照）。

5・3　規範の遵守における因果と変換

宗教は戒律を伴うのが普通だが、信徒の行動は――本来は――戒律で直接的に規定されるものではない。外から与えられる戒律（規範一般）は、本人がそれを選ぶことによって、自発的な行為へと変換され、自律的な意欲・行動となる。とはいっても、実はこの意味の変換だけではまだ足りない。宗教の場合、他律的な「汝……すべし」は、内的な「わが内に生きるキリスト」、あるいは「仏のいのち」、要するに統合作用の促しによって、自発的な意欲（願い・誓い）へと変換され、行為はその表現となるものである。規範は、信徒を直接に拘束するものではないということの他面は、信徒は――これは宗教言語一般に妥当することだが――規範を機縁として、その規範を生み出す内的生命に触れることである。要するに規範とは、内的生命がとる形なのである。

イエスが、律法は人間のためにあるものであって、逆ではない。「だから人の子（我々の理解では統合力）が律法の主体なのである」と語った所以である（『マルコ福音書』二章27－28節）。

5・4　「自己・自我」の自由

自己と自我についてはさらに次章で論じるが、必要な限りここで略説しておきたい。行為は、規範を機縁としてみずからの内に現れる内的生命がとる形である。他律的規範はこうして自律へと変換される。もっと正確にいえば、内的生命（統合作用）が自我を動かし、はたらかせることである（思考と選択）。「単なる自我」が自分のあり方を決めるのではなく、統合作用が自我をはたらかせるのである。といってもこれは他律ではない。もともと私の主体（自己）である統合作用が「私」となり、私の意志に変換されるからである。この場合、統合作用自身は自我の主体となるのだから、自我と区別して「自己」と呼ぶのである。

「自己」はパウロのいう「私の内に生きるキリスト」（『ガラテヤ書』二章19－20節）に当たる。そうだとすると、「キリスト」と区別される「私」とは、たしかに自分だが、機能上は身体／人格に根差す「自己」を表出する「自我」である。それは自己を主体としてはたらき、自己を表出するものだから、この「私」を「自己・自我」の「自我」と呼ぶことができる。それに対して「自己」を知らない自我が「単なる自我」と称されたわけである。

単なる自我は、既述のように、他律的規範に従うか、自分がつくり出したプログラムを遂行するか、いずれかとなる（両者の組み合わせもありうる）。いずれにせよ、それは意識せずにエゴイズムに浸潤される運命にある。

さて「私」の場合は、それまで自我しか知らなかった単なる自我に「自己」が現れて自我の主体となった「自己・自我」である。すると、注意して見れば、「私」には二義があることになる。第一は自己を表出する自我のこと、第二は自我をはたらかせる自己のことである。つまりここには、切り離すことのできない両者のどちらに重心があり、どちらが前面に出るかという違いがある。パウロが「私は生きている――私ではなく私のなかでキリストが」（『ガラテヤ書』二章20節前半）という場合は後者、「肉において生きている私は、神の子に対する信仰によって生きている」（『ガラテヤ書』二章20節後半）という場合の「私」は前者である。『コリント人への第一の手紙』七章10－12節にも、「私」について同様な使い方が見られる。すなわち、「命じるのは私ではなく主」と「これをいうのは主ではなく私」とが区別されるのである。前者はイエスの言葉とも考えられるが（『マルコ福音書』一〇章5－9節参照）、「内なるキリストの意志」ともとれる（『IIコリント書』五章16節参照）。いずれにせよ、「内なるキリスト」（自己）と自分（自我）とを合わせて、パウロは「私の伝道は〔私の仕事だが〕、キリストが私を通して遂行したことである」（『ローマ書』一五章18節参照）という。また、「モーセは君たちにこういった。しかし、私はいう」と、当時の最高権威に対抗して語るイエスの「私」（『マタイ福音書』五章21－44節）は、後者（自己）である。こういう「私」の使い方をするイエスは、当時の「単なる自我」しか知らないユダヤ教徒には、自分を神とする冒瀆と感じられた（『マルコによる福音書』一四章53－65節にあるイエスの審判の場面が史実ではなかったとしても、この場面はイエスがユダヤ教の支配層にどう受け取られたかを反映していると思われる)。

実際、もし単なる自我がこういう発言をあえてしたら、それは自己神格化とされても仕方あるまい。しかし、実はこういう「私」の使い方は、「自己・自我」にとっては可能なのである。というより、自我が自己の表現となった「自己・自我」の言葉、つまり「自己・自我」の「自己」にもとづく自我の発言を示すものとして、極めて貴重なものである。久松真一が「私には煩悩はありません」といったのがその例である(この場合、自我は自己と一つになっていると解される。久松真一『覚の宗教』久松真一著作集第九巻、増補版、法藏館、一九九六、四七六—四八〇頁)。

以下、本書では「自己・自我」のことを「私」という場合には、以上の両義があることをご承知おきいただきたい。そのいずれの場合も自我は自由である。単なる自我は通念的規範や欲望の他律のもとにあるから、実は自由ではない。「自己・自我」の自由とは、自我が「自己に由る」という自由で、そこで成り立つ「私」は文字通り「自己に由る」ものとして自由である。ただ、「自己・自我」を「私」というパウロは、「自己・自我」の「自我」としての自分、「イエス・キリストの奴隷」と称して憚らなかった(『ローマ書』一章1節)。他方、そうであればこそ、パウロは自由だったのである(『ローマ書』七章6節、八章2節など)。

5・5　「自己・自我」の自我

では、自我は消滅するのだろうか。むろんそうではなく、自我は身体の一機能となるのである。この点をやや詳しく述べる。

さて、一般に外的規範は内的自由の表現へと変換されるのである。道元は、元来は規範を意味する「諸悪莫作《しょあくまくさ》」（もろもろの悪をなすことなかれ）を「もろもろの悪をなすことなし」と読み換える。これは「諸悪莫作の力量」と称される（『正法眼蔵』「諸悪莫作」巻）。新約聖書でも「律法を完成するのは愛である」（『ローマ書』一三章10節）、「愛は神から出る」（『Iヨハネ書』四章7節）といわれる。ところで、この場合でも具体的な状況下でよくよく「考えて情報を処理し・行為を選択する」のはやはり「自我」である。考える自我がいま・ここの状況で内的生命を行為として具体化・現実化するのである（ただし、この場合はエゴイズムが入り込みやすい）。他方、このように「考えて情報を処理し・行為を選択する」のではなく、この過程をいわば抜きにして、「私」が咄嗟に状況に反応することがある。

禅宗、特に臨済禅はこれを「禅機」といって大切にする。それは理解可能なことではあるが、現代の状況では情報を集めて正確に分析・処理した上で行動を選択せざるをえないことが多いから、いつも禅機を標準とするわけにはいかないが、即座に反応せざるをえない具体的行動においては禅機的な面が出ることも事実である。これまでの著書でもしばしば言及してきたが、「善きサマリア人」の行動がその一例である（『ルカ福音書』一〇章30－35節）。

5・6　「単なる自我」と「自己・自我」

さて、「倫理的行為等として表現される内的生命」に接しないままで、倫理的規範に直接的に依存し、その意味を了解することさえなく、それに従う自我は、本書では「単なる自我」と呼ばれている。以下でさらに敷衍すれば、単なる自我とは、まずは自己に目覚めていない自我のことである。それゆえ――多くの場合、他者への顧慮もなく――、「自分自身のみによって自分自身であろうとする自我」のことである。しかも他方では、自我は自分のあり方を自分勝手に決めずに、もっぱら外から与えられた規範に従って選び取ることがある。これが新約聖書が問題とする単なる自我である。

イエス、またパウロが否定したのは、右の意味での単なる自我の律法遵守である。単なる自我がいくら律法を完全に守っても、また誇っても、それでは神のはたらきを地上で表出する宗教的生にはならないからである（『ルカ福音書』一八章9‐14節前半参照）。イエスの律法「主義」批判は、結局ここから出ている。これはまた、人間の行動は本来何かの外的事情によって「決定される」ものではなく、たとえば単なる因果関係で決定されるものでもない、ということである。「右の頰を打たれたら（打ち返さないで）、左の頰をも向けてやれ」（『マタイ福音書』五章39節）というイエスの言葉も、最高の「倫理」ではなく、人格の行動は相手の行動によって一意的に決定されるものではないといっているのである。「目には目を、歯には歯を」では、自分の行動は相手の行動に決定されることになり、両者の間には因果関係が成立する。しかし人格間の関係は、因果ではなく、自由な変換である。相手の行為を受けて、それを自分の主体的行為に変換する。換言すれば、相手の行為と自分の反応との間には創造的自由が介在するということである。

イエスは、一意的規範や行動マニュアルを与えたわけではない。これは、宗教的テクスト一般との関係についても妥当する。テクストは、読者の思想と行動とを直接に制約してはならない。

読者は、テクストが証言する内的生命に触れて、そこからテクストを理解するのだ。その結果としてテクストは、読者自身の思想と行動へと変換される。そうでなければ、読者は理解を欠いたまま宗教的テクストに直接制約され、思考と行動の自由を失う。それだけではない。理解できていないテクストから勝手なイメージを構成して、「はじめに」で述べたように、それを宗教的現実そのものと見なしたり、信仰の対象自体と勘違いするようになる。

信条と信仰との関係についても同様である。信条は、「神のはたらき」（自己）に触れる信仰の表現でなければならない。そうでなければ「信仰」は、単なる自我の信念になってしまう。一般化していえば、宗教における「規範」への「服従」は、規範に直接拘束されることではなく、規範が宗教的生の表現であることを了解した上で、単なる服従を「自己」にもとづく内発的自由に変換することである。教義を受容する場合も同様で、単なる自我が教義を単に他律的権威にもとづいて受容するのは、一見敬虔に見えて、実は「口づけをもって師を裏切る」（『マルコ福音書』一四章45節）行為だろう。

5・7　統合体と秩序

統合体には秩序がある。秩序は、衝突や混乱を回避して共存を成り立たせるためにつくられるものだ。秩序とは何かは、交通規則を見るとよくわかる。車は（日本では）道路の左側を走るという規則があり、信号は交差点での走行の優先順位を決める。一般に秩序は、組織の各部分にいつ・どこで・何をするかを割り当て、部分間の優先順位を決める規範である。

「分」という語は、身「分」制というように使われ、封建的な含意があるので現在はあまり使われないが、それを取り除いて考えれば、地位と役割の両方、さらに優先順位までを含む便利な概念である。それを用いれば、秩序とは「分」を割り当てる規則のことだといえる。他方、構造とは「分」の組み立てのことである。身体を見ればわかるとおり、統合体にも、衝突や混乱を防ぐために、構造があり秩序がある。ただし社会における秩序は「極」の自由と平等を阻害する要素ではなく、それを守るものでなければならない。

ところで、複雑系の自己組織化ということがいわれる（小林道憲『複雑系の哲学』麗沢大学出版会、二〇〇七年）。カオス的な複雑系には、自然に秩序ができることがあるという。たとえば、熱湯が冷えるとき、上方の冷えた暖水と下方の熱水とを交換するため、器のなかには自然に多数のちいさな渦（原初的な構造と秩序）ができる。これを我々の問題について適用してみるのも興味深い、また重要な事実である（後述）。人間社会においては、秩序は通常自覚的・計画的につくられるものだが、自然に発生する例も見られる。いつからか、エスカレーターに乗る人は左右の二列に分かれて、そのいずれか一方は歩いて昇ることなく、急ぐ人の邪魔にならないようにする習慣ができた。

5・8　構造

社会学のテーマは、集団の分類、構成員間の相互作用、分業、集団の機能、構造、変動ないし社会の進化（特に近代化）というようなことである。我々の意味での人格統合体は、経験的事実というよりは理念的なモデルだが、右のような主題は統合体が社会である限り、我々の問題でもある。

統合体において「相互作用」は、フロント構造をつくるコミュニケーションであることはすでに述べた。統合体としての共同体にもフロント構造があるだろうか。あるとすればそれはいかなる構造だろうか。我々の共同体は、経験的事実ではないから、特定の構造をもつとはいえないし、それを指定するわけにもいかない。しかし、その基本構造の素描を試みることはできる。我々の第一の定義によれば、統合体とはまずは人格統合体であり、そこにはまとまりがあり、成員間には直接的あるいは間接的に情報上・実質上のコュニケーションが絶えず、妨げられることなく、円滑に営まれている。

その意味するところは、ある成員から出発した作用は直接・間接に他の成員に及び、あらゆる成員を経て、その間に当然ある変容を蒙るであろうが、結局は最初の成員に帰ってきて、その成員を統合体のなかに位置づける、ということである。この関係は、統合体の「まとまり」を担保するものだ。その際、作用とはコミュニケーションだから、基本的に相互的ないし多方向的である。もしそうであるなら、当該社会の構造は、比喩的にいえば、そこでの部分間の関係が全方向に開かれているとはいえなくても、直線的（一方的系列化）ではなく、ピラミッド（一極集中）のようなものでもなく、円環的ないし球的であるはずだ。

社会のピラミッド構造は、権力と情報を占有する専制君主ないし支配者が、被支配者を一方的に服従させ、富を収奪することを意味しよう。専制は多数の自由で創造的な「極」から成る人格共同体とは正反対のものである。共同体においては、関係は相互的であるのが基本である。それはコミュニケーションが本質上相互的であるからだ。一方的関係（たとえば、支配と服従）が優先する社会は統合体ではないし、それはコミュニケーションを阻害して権力や所得の配分に関して格差を生んでしまう。換言すれば、「統合」は一極集中ないし専制を嫌う。政治システムとしては民主制と相性がよいことはすでに述べた。

軍隊のように一定の目的達成のために組織された社会は統合体ではない。ここでは命令と服従の関係が、一方的に系列化されているからだ。実際、軍隊においては一般に命令は上から下へと一方的になされるのであって、兵士は一般に「極」でも自由な主体でもなく、しばしば将棋の駒のように動かされるのである。一般に、特定の目的達成のために組織された「目的社会」も、それ自身としては、統一が優越しているから統合体ではない。といっても統合体ではない社会は、すべて不当な集団であり、廃絶すべきだ、ということには必ずしもならない。機能集団は、民主的に運営されればされるだけ、統合体に接近するわけだし、それらは元来社会の一機能であって、統合された多極社会の一極として位置づけられるべきなのである。機能集団（企業）には社会的な責任があるといってもよい。

ところで「極」にそれぞれの機能があるのは、身体のなかで各器官が、特定の機能として分化しているのと同様である。問題は本来一つの「極」として機能すべきものが、競争に勝利してピラミッドの頂点に位し、さらに自己中心的に全体を支配しようとすることだ。

一般に幾何学的体系のようにまったく論理的に構成されたシステムも（ここでは定理と系、また理由と結論との関係は必然的であり、一意的・一方的である）、我々の意味での統合体ではない。もし諸機関の統合がありうるとすれば、それは幾何学的体系ではなく、円環的なコミュニケーションシステムであろう。統合体においては、メンバーは自由であり、基本的に平等な「極」であって、相互的コミュニケーションによって結合されるからである。

　これらが意味することは、こうである。統合体は一方的な因果関係、目的論的関係あるいは上下（支配）関係によって構成されていないが、それだけではない。単に因果論的・目的論的な方法、あるいは上下関係によって支配・管理・操作することはできない。

「3・3・2　変換と因果律――フロント構造とコミュカント」で述べたように、統合体の構成要素は自由を本質とするから、外からくる作用にどう反応するかは一意的に決定できないし。必ずしも予見できない。それは統合体を計画的につくること、つまり設計して構成することはできないということでもある。真正の統合体は、できるときには「自然に」（統合作用のはたらきによって、自己組織化的に）成り立つものだ。

　一意的な目的が全体を決定する「機械」は――必然的因果関係による――論理的な構造をもつから設計可能である。それに対して統合体は特定の目的達成のための論理的組織ではないから設計不可能なのである。

　では、因果論と目的論あるいは上下関係は統合体にはまったく異質的かといえば、そうでもない。前章で述べたが、一部一面をとれば因果論的あるいは目的論的理解が妥当する。しかし因果論や目的論は、統合体全体の説明には向いていないのである。こういってもよい。一意的言語に支配されているうちは、統合体を理解することはできない。現実の組み立てが了解されるためには、一意的に言語化された現実の組み立ては実際の現実のそれとは異なることが見えてこなくてはならない。直接経験が必要だ、といった所以である。

5・9　分化と統合

分化と統合は、事柄の両面であることはすでに述べた。分化は統合の他面である。進化は生物界においては、生体としても生態系としても、生物が複雑に分化しながら統合されてゆく過程である。これは統合体の「進化」一般についても見られることである。言い換えれば、「進化」とはコミュニケーションシステム自体における分化と統合の展開であり、簡単な構造が複雑化する過程である。むろん、生体各部の機能の分化・発展もありうるわけである。

5・10　統合体と諸部分のバランス

円満なコミュニケーションシステムとしての統合体においては、関係は一方的ではなく、相互的で全体に開かれているから、必要なものの産出と配分について、差別もなく格差もない。大切なところへは必要なものが必要なだけ配分されるが、これは差別や不公正とは違う。悪平等は排される。これは統合体においてはバランスがとれているということでもある。実は、統合されているとは、バランスが保たれていることでもある。社会のあり方に関して、私は統合された社会が望ましいと思っているが、それはバランスのとれた社会が望ましいという意味でもある。

この場合、単線的な因果論は通用しない。かつて日本の国家主義の時代、富国強兵策がとられ、軍事大国になることが日本のためだとされ、国を挙げてアジアの軍事的・政治的支配を目指したのだが、それは国内に大きな歪みと破壊を招き、国外には多大な損害を与えた。

戦後、経済成長政策がとられ、経済が成長すれば国民全体が幸せになると信じられた。個人の欲望は技術の進歩と経済の成長をもたらすということで、手放しの欲望・消費肯定論すら横行したものである。その結果、たしかに日本は経済面での高度成長をなしとげたが、公害が発生し、経済格差が増大して貧困層が増え、内需の不振と成長の停滞を招いたばかりか、マスコミに現れているとおり、国民の関心事といえば儲けること、勝つこと、楽しむことがほとんどすべてを占めるという有様になってしまった。この傾向は世界的で、その結果、地球温暖化が示すように、地球的な破滅をもたらしかねなくなっている。

「儲け」より大切な人間の本性について思いをめぐらせる思想などは、日本国の隅々を探しまわってもみつからないかもしれない有様である。そもそも経済成長にしても、経済格差をなくすことがかえって内需の増大と健全な経済成長をもたらすはずではないか。社会において、一極だけの肥大は他部門を圧迫して歪みをもたらし、社会全体の健全な繁栄を阻害するのである。

かつて軍事部門の肥大が民生の貧困と国際的紛争を招いた。いまは経済の優先が、実際に文系の学問の軽視を招いている。政府主導で、国立大学には文系の学部は不要だというような人文科学軽視、つまりは人間的教養不用論がまかり通る。「文化国家」にはおよそあるまじきことだ。教養とは単に浅く広い知識のことではない。歴史や文学・芸術や思想・宗教に触れることで、人間の諸可能性を知り、諸可能性に目覚め、自分の諸可能性をもバランスよく展開・実現することである。教養とバランス感覚（後述）を欠いた人間が、リーダーないし支配者になるのは実に恐るべきことである。

生体や社会、一般に統合を本質とするシステムは、反対の性質をもつ営為との平衡の上に成り立つものである。簡単な例を挙げれば、吸う息と吐く息、心臓の収縮と膨張、交感神経と副交感神経、緊張と弛緩……などがある。実際、社会のあり方には諸面がある。自由と平等、正義と平和、変革と秩序などは、すべて社会にとっての必要事である。しかし、統合体は異なった「極」（極面）のまとまりであって、極面同士は互いに反対の性質をもつものである。つまり統合は、反対の作用をもつはたらきとのバランスの上に成り立っている。

だから自由（資本主義）だけでは格差を生み、平等（共産主義）のみでは自由を抑圧する。和を強調すれば、正義が引っ込み、（それぞれの勢力が自分の立場で）正義を主張すれば、和が乱される。伝統的秩序は変革を拒否し、変革は既存の秩序を破壊する。

それだけではない。自由と平和、平和と変革、変革（正義の旗印を必要とする）と秩序、秩序と自由はとかく相性が悪い。だから問題はバランスにある。つまり、社会の歪みを是正するために「いま」の状況で必要なのは自由か平等（格差をなくす）か、秩序（伝統）か変革か、というような問いであり、バランスを保つために、当面の行き過ぎを正すことである。むろんバランスの要素は上記のものだけではなく、ほかにもさまざまにある。

5・11　正義の相対性

正義といえば、日本語では法的概念という含みがあるが、「正義」は元来諸国語で「正しさ」のことである。ところで「正しい」とはどういうことかといえば、抽象的には「あるべきものが、あるべきところに、あるべきように、ある」ということだ。「あるべきものが、あるべきところに、ない」、あるいは、「あるべからざるものが、あるべからざるところに、ある」状態は正しくない。

ついでながら、偏りは、不公正と呼ばれる不正の一種である。以上を法的に解釈すれば、たとえば「分配は偏りなく平等に」なされるべきだが、それは「貢献の多い人間には多くの報酬が、犯した罪の重い人間には大きな罰が」ということでもある（応報の正義）。したがって、この意味で正義はやはり「あるべきものを、あるべきところに、あらしめる」処置のことである。

ところで「あるべきものが、あるべきところに、あるべきようにある」とは、必要なものが産出され、必要なところに提供されていること、差別も歪みもなく、バランスが保たれていることである。要するに、統合体という、「必要なものが、必要なところに、必要なだけ提供される」コミュニケーションシステムは正しいシステムだといえるし、また実際に正しくなければならない。

むろん問題は、このような一般論で片づくものではない。「いまの状況」でバランスを保つためには、具体的に何がどこに、どれだけ必要で、それがいかに提供（配分）されるかということであり、そもそも我々の社会は、それが可能なように「正しく」仕組まれているか、権力や富や文化や教育が偏在していないか、ということである。

といっても問題は応報的正義だけでは片づかない。一意性を絶対化しない場合は、新しく現れた一見反社会的な要素も、単に排除するのではなく、新しい未来を開く可能性として、まずは受容し検討すること、また明白な「罪」人ならばいったんは排除しても、「悔い改めた」場合は正規のメンバーとして受容すること、というような多義性を容れる広さ、余裕が必要だ。社会には創造的自由を容れる幅が必要だ。また報いがなくても、あるいは自分（たち）の不利益になっても、正しいこと（真実）を求め、主張することも必要である。

人間社会の健全な発展は、このような人々の犠牲の上に成り立っている。たとえばイエスが死んだのは人類の悲劇である。イエスが釈尊のように長生きしていたら、キリスト教はイエスの宗教として、より自然な形で成立していただろう。

本書は政治と経済とを主題とするものではないが、社会の健全さのためにも統合という理念を提出したい。そして統合の実現のためには「正常な自我」（「自己・自我」の別名）の賢明な判断と行動の選択が必要であり、そのためには我執・我欲の克服が――それだけでは、充分条件ではないが――必要条件だと主張されるわけである。

6　統合作用の「場」

我々の「統合」と、社会学の対象である「社会」との違いは、前者においては以下のように、統合体を成り立たせる「場」、あるいは「極をまとめるはたらきの場」が語られることである。

1　たとえば、原子は核を構成する粒子同士が中間子や光子を「交換」し合って、一定のまとまりをなしている作用の場であり、統合体とみなしうる。太陽系も統合の一例である。太陽系は重力によってはたらき合う極のまとまりだからである。太陽は太陽系のなかで最大の「極」であって、遊星を動かす「専制君主」ではない。太陽系は物理学的な「場」、すなわち重力の場のなかにあり、そこにおいて天体が太陽系と呼ばれる「まとまり」をつくるのである。

2　統合されたシステムとしての身体についてはすでに述べた。諸器官・諸部分は身体のなかでコミュニケーションによって相互に結ばれ、「極」として機能している。そして身体は、生命と呼ばれる統合作用の場とみることができる。重要なことだが、この場合は場のなかに複数の極があるのではなく、複数の極（諸器官、皮膚）の範囲と場の範囲とが等しい、「個」即「場」である。身体は実は「身体即場」であるようなものだ。では、「素粒子即場」といえるのかどうか、これは面白い問題だが、本書では主題化されていない。

3　音のシステムとしての音楽も、後述するように、こころという場のなかで構成される統合体でありうる。絵画の場合も同様である。

4　最後に人格の統合体も「場」において起こる。それは新約聖書が「キリスト」というはたらきの場であること、ただしその場の存在は客観的には検証されないから、普通に見られる場の「比喩」であるといっておこう。それに眼には見えず、また眼に見える境界もないが、そのはたらきは信徒において、「キリストのからだ」と称される教会として現実となる（『Ｉコリント書』一二章、特に12節。同様な発言として『ヨハネ福音書』一五章の葡萄樹の比喩参照）。「キリスト」（ただしヨハネは一貫して「イエス」という）は葡萄樹（幹ではない、葡萄樹の全体）であり、信徒は枝としてその部分である。「枝」は「葡萄樹」のなかに「とどまる」。諸部分の全体が、世における「イエス」の現実性である。他方、信徒と「イエス」とは相互内在の関係にある（『ヨハネ福音書』一七章参照）。

換言すれば教会は、キリスト（といわれるはたらきの場）のなかで成り立ち、そのはたらきを現実化する「場所」である（キリストのからだとしての教会が、我々のいう「統合体」のモデルである）。要するに（霊なる）キリストは、信徒を統合する超越的な「はたらきの場」であり、同時に教会および個々の信徒という「場所」に内在する。「信徒はキリストのなかにある」（『Ｉコリント書』一章4節等）と、「キリストは信徒のなかにある」（『ガラテヤ書』二章19－20節等）との両面が語られる所以である。教会は世における「キリスト」の現実性であればこそ、「キリストのからだ」と称されるのである。

ただし、右記1から3までの統合体とは違って、人格の統合体は、現実の「教会」であっても、断片的で不完全な統合体にしかなっていない。現実の社会は統合体ではなく、健康体であるべくして病んでいる人体のように、統合体たるべくして統合体になっていない歪みと破れをもっている。以上の点について、以下でさらに詳しく考察する。

個は特定の場所と時間のなかにある。しかし「場」は、そのなかに置かれた個がはたらき合って、すなわち互いに関係し合って、「極」同士となるという性質をもつ空間のことである。

以下に、一部は繰り返しになるが、例を挙げよう。軟鉄の釘は磁力をもたないから、釘だけではばらばらに分離してしまう。しかし、釘を磁場のなかに置くと、釘はそれぞれが小さな磁石となり、相互作用が出現する。したがってそこに釘の円環をつくることもできる。音楽や絵画や詩の場合も同様である。これらは人間のこころのなかで成り立つものだ。音や色・形が統合されるのは、人のこころという作用の場のなかにあるからである。

音楽においては――すべての音楽においてではないが――、音の各々が「極」である。メロディーの場合も、一つの音はすでに鳴った音を前提し、後続する音を予期し、同時に鳴る他の音とともにある。音の各々は他の音との関係のなかにあるから、楽音の自己同一性は他の音との関係のなかで存立するのである。それは一つの音と全体との関係においても同様である。ピアノを弾くとき、最初の音は楽曲全体を前提して鳴らなくてはならない。ある音を強く弾くなら、他の音もそれに相応して強く弾くか、対照的に弱く弾くかしなければならない。ある要素の変化は、他の要素の変化を伴って全体の調和を再構成する。そうでなければ、全体のまとまりは保たれない。

ある音を間違って弾いた場合、瞬間的にではあっても、聴く人はおかしいと感じるものである。それは、聴く人がその曲を正確に知っているからかもしれない。その場合は楽譜通りに弾かれなかったことに気づかれるわけだ。しかしそれでは、「おかしい」という感覚の説明には必ずしもならない。楽譜通りに弾かなくても音楽としてはおかしくないことがありうるからである。だからおかしいという感覚は、単なる知識の産物ではない。間違って弾かれた音は孤立して他の音との関係を失うので、異様な感じを与える。それはその曲を初めて聴いた人にもわかるのである。

換言すれば、音の間違いは音楽の場のなかに歪みないし亀裂を生じさせるのであって、それを聴く人は違和感を覚え、ほとんど身体的に反応して曲の統合性が回復されることを欲する。ではこの反応はどこからくるか。それは聴者が音の統合に対する感覚をもっている、すなわち聴者のこころが音を統合する作用をもっているからである。その際重要なことは、その反応が単なる知識からではなく、内側から「自然に」起こることだ。

他の例を挙げよう。石や樹や池で緊密に構成されている日本の庭園——京都の禅寺に見られるような——を思い浮かべていただきたい。そこには孤立している構成要素は存在しない。幾何学的な秩序はなくても、一は他を前提としていて、全部が互いにかかわり合っている。個性的な要素のそれぞれが、互いに他の構成要素を成り立たせているわけだ。つまりそれらの間には、バランスのとれた配置という、フロント構造が成り立っている。さらにそこには単に静的ではない何かがある。風のそよぎとか、池のさざ波とか、庭の色彩を変化させる偶然なども庭の構成要素に取り込まれている。

もしここで、誰かが庭の樹を一本伐り倒したり、石を掘り出してひっくり返したりしたらどうなるだろう。それは見る人に内的な痛みを与える。その人は自発的に——ということは自然に——庭の統合を回復しようという気持ちになるだろう。庭のなかに起こった歪みは、彼にとっては行動への信号となる（交通信号のように、行動を管理する記号を信号という）。つまり統合作用がはたらいている庭は、そのなかにいる人を統合行為へと促す場なのである。河原の石が転がってもそうはならない。河原は庭園のような統合作用の場ではないからである。

第三の例は、半死状態のユダヤ人を助けた「善きサマリア人のたとえ」である（『ルカ福音書』一〇章30－37節）。当時、ユダヤ人とサマリア人とは反目し合っていた。しかし重傷を負ったユダヤ人が、言葉もなく助ける人もなく横たわっていた状況は、一極が損なわれているという、人格共同体の歪みを意味していた。その歪みは人格の統合を求めるサマリア人にとっては救助への信号であった。彼はユダヤ人の無言の語りかけを聞きえたのである。具体的には彼は胸が締めつけられるような痛みを感じた（33節）。サマリア人がユダヤ人を救ったのは、律法がそれを命じたからではなく、得になると思ったからでもない。彼が傷ついたユダヤ人を見たとき、彼は思わず走り寄ったのである。その行為（コミュニケーション）は直接的・身体的な反応として、「自然に」起こったのである。

我々は以上のような事柄を「統合作用の場」という概念で解釈する。この場のなかに置かれた個は「極」となり、「極」同士の間にはフロント構造をつくるコミュニケーションが生起して、統合の現実化を目指す。「極」は場のはたらきを表現し、現実化する場所である。

すでに第一の例で見たことだが、磁場のなかでは軟鉄の釘が小さな磁石となり、その間には相互作用が起こる。それらが磁場のなかに置かれるとき、各々は磁力を宿し、それを表現する場所となるのである。「宿す」例としては、月の光が挙げられる。眼は正面からくる光（特定波長の電磁波）しか光として感じないから、夜中、いわば地球の背後からくる太陽光は見えない。しかし、太陽系空間は太陽が発する光（電磁波など）に充ち満ちているのでる。だから太陽光の場のなかに置かれた月は太陽光を「宿して」（反射して）光り、夜は眼に見えない太陽の存在を証示する。

これは、イエスのいう神のはたらきは――我々の場合は「神のはたらきの場」（神の国）と「神の支配」（神のはたらき）――、眼には見えないが、イエスという人間の言行において現実化し表現されること、イエスが神の「啓示」であるということを比喩として表現する事態である。

こうもいわれる。信徒において神のはたらきは無差別の「愛」として現実化し、神は愛する者にみずからを示す（『Iヨハネ書』四章7節）。「人のなかではたらく神」を、パウロは「神の子、キリスト」と称した。そのはたらきは「愛」だが（聖霊とは、神のはたらきを現実化する作用のこと――『ガラテヤ書』五章22節）、パウロの場合、「教会形成力」として、より具体化されている（『Iコリント書』一五章）。

以上のようなわけで、私は「神のはたらき」を、我々が日常生活で使う「場」という言葉を比喩として用いることによって、適正に表現できると考えている。

こうして我々は統合について、以下のように言うことができる。統合作用の「場」（というべきもの）があって、そのなかで個は「極」となり、統合体形成に向かって自発的に動く。統合体とは統合作用を宿し表現する「極」のまとまりであり、「極」は「おのずから」統合体形成の方向に向かう。

換言すれば、統合の場は「実現」的である。旧約聖書に「エメス」という概念があり、これは真実あるいは誠実などと訳されるが、「存在」論的なギリシャ哲学の「真理」とは違って、「実現」性を宿している。「わたしはあなたを、甘い葡萄を実らせる確かな種として植えたのに、どうしてわたしに背いて悪い野葡萄に変わり果てたのか」（『エレミヤ書』二章21節）という言葉において、「確かな種」（イスラエル民族の比喩）は「エメスな種」、つまり確かな本性をもち、その実現によって「よき葡萄」を実らせるはずの種のこと、それが神に背いて変性したと嘆かれている。「エメス」が「現実性」ではなく、「実現性」を意味することは、一般に現実を時間性として捉え、実現の相のもとに見るヘブライ的な感覚を示している。

我々の「統合論」は、これと等しく現実を存在論的にではなく、「実現性」の相のもとに見るものである。「存在論」との違いはここにある。その動力は、究極的には創造的空の創造性にある。浄土教が阿弥陀仏のはたらきを、「弥陀の願力の実現」という観点から捉えていることが思い合わされる。

6・1　場のはたらきを表現する「場所」と統合体の自己組織化

さらにコメントしておきたい。上述のように、統合作用の場は構成要素の「自己組織化」の場である。この場のなかで構成要素は「極」となり、「おのずから」統合体へと自己組織化を行う。個が場のなかに置かれている徴《しるし》は、統合が「おのずから」成り立つことだ。「場」の比喩は、この面をも適正に表現する。「おのずから」の自己組織系は、人格主義的な神の「支配・命令」と人間の側での「従順」とではしかるべく表現されない。

くどいようだが、繰り返しながら説明を進める。イエスは「神の国」を説いた。原語は「神の支配」とも訳されるから、通常「神の国」と「神の支配」という二つの訳語が用いられている。実際、両方の訳が妥当する。この語が示すことは、世界も人間も（「神の支配」と呼ばれた）神の統合作用の「場」（超越的・内在的な「神の国」）のなかに置かれていて、他方、世界も人間も神のはたらきを宿し表現する「場所」である、ということだ。

実際イエスはこういっている。「君たちは昔の人が『偽り誓うな、誓ったことは主（神）に対して果たせ』と命じられたことを聞いている。しかし私はいう。そもそも誓いなどしてはならない。天にかけて誓ってはならない。天は神の御座だからだ。地にかけて誓ってもならない。地は神の足台だからだ。エルサレムにかけて誓ってもならない。それは大王の都だからだ。頭にかけて誓ってもならない。君は髪の毛一本白くも黒くもなしえないからだ」（『マタイ福音書』五章33－36節）。

イエスによれば、天も地もエルサレムも、髪の毛すらも、神のはたらきが及び現実化する「場所」である。だから人間はあたかも人間の意志によって、世の中の推移を管理し支配できるかのように――それができなければ、誓うことも不可能だ――誓ってはならない。実に髪の毛すら神の支配圏内にあるから、人間にはその色を変えることすら不可能である。

こういう言葉もある。「神のはたらきとは以下のようなものだ。ある人が種を地に蒔き、夜昼眠ったり起きたりしていると、彼が知らないうちに種は発芽して成長する。大地がおのずから実を結ぶのである。まずは芽、それから茎、それから種のなかに豊かな穀粒ができる。実がとれる時になるとすぐ鎌を入れる。収穫の時がきたのだ」（『マルコ福音書』四章26―29節）。この言葉は、単なる「比喩」ではない。むしろ地上における神の支配のはたらきの実例と解すべきだ。

神のはたらきは、たとえばマタイがそう考えるように、ただ天にだけある現実ではなく――「天にいます我らの父」（『マタイ福音書』六章9節）と「父」（『ルカ福音書』一一章2節）とを比べよ）――、地に及ぶ現実でもある。そのはたらきによって地は、「おのずから」結実するのである。ここで結実は、「大地が実を結ぶ」といわれていて、「大地のはたらき」とされているのが重要である。大地も神のはたらきによって成り立つ二次的な「場」であり、麦はそれが現実化する「場所」である。旧約・新約聖書では、神は「天にいます」とされるのが普通で、大地に神のはたらきを見る例は稀である。実際、マタイもルカも――理解できなかったのであろう――、この「おのずから成長する麦の譬え」を採録していない。原始教団では、世界ではたらく神は「ロゴス」といわれた（『ヨハネ福音書』一章1―5、14節。我々は以下でそれを世界で、つまり大地ではたらく統合作用と解する）。しかしこの思想は、教父エイレナイオスらによってヘレニズム化され、その後、正当に展開されることはなかった。

6・2　「単なる自我」の克服

ふたたび「善きサマリア人のたとえ」を取り上げよう。これもまた、人間が神の支配によって動かされるとき、どのように行動するかの実例を示している。サマリア人の救助行為は他律的規範を守る仕方で生起したのではない。報酬への期待からなされたのでもない。それは「おのずから」なされたのである。彼が傷を負ったユダヤ人を見たとき、彼は一切の他意なしに行為した。彼の行為は「愛敵」（『マタイ福音書』五章44節）のモデルである。彼にとってユダヤ人は「敵」ではなく、――神のはたらきの場のなかで――言葉もなく助けを呼んでいる傷ついた人間であった。統合の場に歪みが生じていたのである。それを認知してサマリア人は自動的に動いたのである。

彼の行為はさらに「愛は神から出る」（『Ⅰヨハネ書』四章7節）の例証である。イエス自身は、神の支配に動機づけられた行為について神学的分析を与えてはいないが、より神学的に反省を加えたパウロは、――これまでも、たびたび引用するように――こう語っている。「神は君たちのなかではたらいて、君たちの意志とはたらきとを成り立たせる、はたらく神である」（『ピリピ書』二章13節）。

神から出るはたらきとは、パウロの場合も、まずは愛である。そして愛とは、純粋で無差別かつ無条件的なコミュニケーションへの意志である。つまり神が我々のなかに成り立たせるはたらきとは、我意・我執・我欲から出るものではなく、また律法の命令、つまり「情報にもとづく行為」ではなく、「神」（統合作用の場そのもの）に根差すがゆえにこそ、「おのずから、自発的に」なされる行為である。ここで「単なる自我」の営為が克服され、「自己・自我」が成り立つのである。そしてここでは、他律と自律とが一つになっている。これを作用的一という所以である。そして、純粋で無差別・無条件なコミュニケーションへの意志が形成するものは、コミュニケーションシステムとしての統合体にほかならない

6・3　神の存在

次のように言い換えることもできる。新約聖書は統合作用に神のはたきを見た。つまり、現実に経験される統合作用を「神」のはたらきと呼んだのである。したがって「神」は存在するかどうか、神とは何か、という問いにはあまり意味はない。

原始教団は、統合作用に「神のはたらき」を見て、そう呼んだのである。問題はこの場合、では「神」とは何のことになるのか、ということである。さて、統合作用に神のはたらきが見られたから、「愛は神から出る」といわれる（愛は二極的統合、教会は多極的統合である）。つまり「神」とは何かという問いには、そこから答えられることになる。繰り返し述べることになるが、新約聖書では、統合作用の場そのものは神、統合作用はキリスト、場所において統合を実現させるはたらきは聖霊と呼ばれている（新約聖書には明言されていないが、実質上、三位一体論がある）。あるいはこういってもよかろう。世界と人間に及ぶ統合作用の場とは、伝統的な神学用語でいえば、「聖霊に満たされた空間」、遍在する聖霊のはたらきの場である。そして聖霊とは、場の統合作用を「場所」において実現するはたらきのことである。これは実は、力を失って潜在していた統合作用が現実化されて主体となることである。

詳しくいえば、世界ではたらく統合作用はロゴス、人間にはたらく統合作用は神の子（キリスト）とされ、両者の区別がなされている。だからキリストの作用圏、ロゴスの作用圏というような言い方も可能となるわけである（聖霊は統合作用の実現者だが、世界についてはあまり語られないのが普通である）。

要するに本書でいう「場」とは、そのなかに置かれた個が「極」となって自然に統合体と呼ばれるまとまりをなすように動く、空間のことである。そこでは統合の歪み、すなわち傷ついた「極」、コミュニケーションにおける過不足、阻害、「極」の損傷は、それ自身が――言語化されていなくても――統合を回復する行動への信号として作用する。

6・4　神、人格の尊厳、基本的人権

以上で、統合作用の場という言葉を使ったが、結局この場の現実性はいかに語るべきなのだろうか。上記のことを簡単にまとめて、以下で人格の尊厳について言及しておく。

さて、「場」は、われわれにとっていかなる意味で現実なのかといえば、まず統合体形成への促しがあり、これは身体的事実として感じられることである（身体とは単なる肉体のことではなく、身体／人格のこと。この際、身体は、どちらかといえば自分が自分である面を、人格は他者との関係性の面を示す。つまり身体／人格は人間の「極性」を意味する）。

身体に「神」のはたらきが見られる場合、「神」とは何のことか。神が世界と人間のなかではたらくというとき、神は世界と人間を包みながら、同時にそこに内在するといえる。では、神と世界との関係とは何か。われわれがいう「神」と物理学的世界との関係を、いきなり物理学的に記述したり、数式で表現したりすることはできない（後述）。したがって本書は、「神のはたらきの場」とは、まずは比喩であるという。それは人格主義的神の場合、神が「父」といわれるのと同様である。

そうすると「場」とは、世界と人間とにおける「統合作用」の根拠を比喩的に表現したものということになる。換言すれば、比喩的に表現した場合、「神」とは世界と人間とを包む「はたらきの場そのもの」のことになる。したがって場という事柄、場の現実性は、客観的観察からではなく、結局は統合作用という内的経験からして語られ、理解されることになる。

なお、「神のはたらき」という場合、そこには「尊いもの、生を成り立たせるゆえに、生の諸営為よりも大切なもの、聖なるもの」という含みがある。換言すれば、人格は神のはたらきの場所であり、そこに神のはたらきが実現するとき、人格は創造的自由の主体となる。この事実には人格の尊厳性が表現されている。人格は、たとえそれが神のはたらきを現実に表現していなくても、すでにその「場所」として、尊厳である。その行為が――たとえば悪行が――尊厳なのではなく、もともと神のはたらきの場所として尊厳なのであり、この尊厳性は当人の実際の行為とは別のものとして認められなくてはならない。むろんこれは、人種や性や文化等、個人の肩書きとは関係がない。

そして、この尊厳性の法的表現が「人権」である。法的な人権は宗教的に基礎づけられる。人格の尊厳性とは、単にヒューマニスティックな観点から語られるものではなく、身体／人格の根本にある、神のはたらきの場所としての尊厳性であり、それは同時にすべての人格において認められるところである。もしこれを単なる主観というなら、前述の善きサマリア人の痛みも救助行動も、一文の得にもならない愚行になってしまう。

6・5　人格とその共同体について――場所論の観点から、神を「知る」ということ

さて統合体の構成要素――身体／人格――は、統合体形成へと作用する場のなかに置かれている「極」であり、場のはたらきを表現する場所であった。この事態は、新約聖書では「神、キリスト、聖霊」と人間との相互内在として描かれている。既述したこれらのことが、新約聖書にいかに記されているか――ある程度重複するが――、あらためて要約的に見ておきたい。「キリストのなかで」は、キリストの作用圏のなかに置かれていること、そこからはたらきを受けて、キリストの恵みに与かることである。「私はキリストにあって〔キリストのはたらきの場のなかに置かれて〕、君たちに与えられた賜物のゆえに、いつも神に感謝している」（『Ⅰコリント書』一章4節）。

他方では、「神は君たちのなかではたらいて、君たちの意志とはたらきとを成り立たせる、はたらく神である」（『ピリピ書』二章13節）といわれる。また、「神は万物のなかではたらいて、万事を成り立たせるはたらく神である」（『Ⅰコリント書』一二章6節）ともいわれる。その意味は、「万物のなかで」と同様、「人間のなかでの」神のはたらきが人間本来の主体だということである（実はそれが「自分」であるということ）。それは、人間のなかで（人間と作用的一をなして）自我をはたらかせる「自己」のことであり、こうして「自己・自我」としての「私」（自分）が成立するということである。

以上の観点から、パウロとヨハネの言葉がよりよく理解されることを示しておこう。「私は律法によって〔「単なる自我」として律法を遂行しようとあらゆる努力をした結果、行き詰まって〕

律法に対して死んだ。神に対して生きるためである。私〔単なる自我としての私〕は、キリストとともに十字架につけられてしまった。ところで私はなおも生きている。しかし、生きているのはもはや私〔単なる自我〕ではない。キリストが私〔身体・人格としての私〕のなかで、〔自我をはたらかせる「自己」として〕生きている」（『ガラテヤ書』二章20節）。パウロはここで、「私のなかで」生きているキリスト（人間のなかではたらく神＝神の子＝内なるキリスト＝自己）と、それを自覚する自我とを区別しながら、結局は「自己・自我」である「自分」として語っている。『ヨハネによる福音書』の言語を理解するために、なお以下の説明を加えておく。「神の子」（私のなかで生きているキリスト、あるいは自己）は、上に引用した『ピリピ人への手紙』二章13節に見られるように、「信徒のなかではたらく神」と言い換えられる。すると神と神の子とは区別されながら「一」である（『ヨハネ福音書』一〇章30節等多数）。さらに、キリスト（神の子、信徒のなかではたらく神）と、信徒のはたらきとも作用的一である。パウロが自分の伝道について、「キリストが私を通して遂行すること」と言いえた所以である（『ローマ書』一五章18節）。すると結局は、神の子を媒介として、神と「神の子」と信徒は一となる。つまりこの点を強調するのが、ヨハネであるわけだ。キリスト（ヨハネはイエスという）において神と信徒とは一だという（『ヨハネ福音書』一七章22―23節）。これは結局のところ、人間のはたらきが神のはたらきによって成り立っているということだ。

繰り返すが、この一は神と人との実体的一ではない。これでは人間神格化になってしまう。そうではなくて、はたらきの上での一（作用的一）である。実体同士は一にならないが、作用は一になる。たとえば、ビー玉同士は弾き合うが、波は重なる。この作用的一が『ヨハネの第一の手紙』でも「愛は神から出る」として語られているわけである。さらにいえば、信徒もこの一性のゆえに「人のなかではたらく神」とは区別されながら、実生活の上でこれを表出する「神の子たち」と呼ばれうるのである（『ローマ書』八章14節等多数）。

要するに、「神」という言葉を使っていうならば、「内なるキリスト」（「内なる神の子、自己」）は、神と人との作用的一のことである。つまり、神は世界と人間を包む究極の場そのものであり、そのはたらきの身体における現実化、すなわち「神と人との作用的一」はパウロに啓示された神の子（『ガラテヤ書』一章16節。すなわち「内なるキリスト」同書二章20節）である。

他方、自我とはそれを自覚し、その意欲とはたらきに際して、この一性を現実の場面で表現する機能である。これらすべてはかなり複雑な事態で、ここで詳論することはできないが、なお後続の章で比喩の形で語ることにしたい。ここでは、さらに念のため、「人が神のなか」にあり、「神が人のなかにある」とき何が起こるかを典型的に語る聖書の言葉を引用しておこう。以下の引用箇所でも「キリスト」は明示的に語られてはいないが、「人のなかではたらく神＝神の子＝キリスト」という意味で含意されていると考えてよい。

愛する人たちよ、我々は互いに愛し合おうではないか。愛は神から出るからだ。愛する人は誰でも神によって生まれた者で神を知る。……神は愛だからである。神を見た者は誰もいない。しかし我々が愛し合うとき、神は我々の内に在まし、神の愛は我々のなかで全うされる

〔コミュニケーションシステムが妨げられずに機能すること〕。我々が神のなかにあり、神が我々のなかにあることとは、神が我々に聖霊を与えたこと〔以前と違って、いまや神のはたらきに開かれること〕によって知られる。神は愛である。愛にとどまる者は神のなかにとどまり、神は彼のなかにとどまる。（『Ⅰヨハネ書』四章7－16節）

互いに含み合う作用は大変複雑だが、整理すると以下のようにいえるであろう。新約聖書では、我々の用語で言い直すと、神は世界と人間とを包む究極の「場」そのもので、場の「はたらき」（統合作用）はロゴスあるいはキリストといわれる。つまりロゴスは世界のなかではたらく神（世界に及ぶ統合作用）、キリストは人間のなかではたらく神（人間に及ぶ統合作用）である。自覚される統合作用は「神の啓示」という意味をもつから、「キリスト」は神の啓示である。

なお、聖霊の統合作用は、「場所」において実現する作用のことになる。さらにいえば、ロゴスとキリストは、神そのものとは区別されて、「神の子」といわれる、以下のようなこともある。信徒に内在する「キリスト」（いわば超越的な「キリストそのもの」の分身）が、「キリストそのもの」の局所的顕現だと考えられると、その「もと」である「キリストそのもの」は「子なる神」といわれるのである。比喩的にいえば、太陽そのものを神の比喩とすれば、我々にそう見える太陽（我々に啓示された神）は「子なる神」の比喩である。両者は同じではないが、異なるものでもない。また網膜に映る太陽は、信徒のなかではたらく神（つまり「神の子」）の比喩になる。われわれが太陽を見るとき、実は網膜上の太陽の像を感知しているのだが、経験的には太陽自身を見ていると判断している。同様に、われわれが「わが内ではたらく神」、すなわち神の子＝キリストを「感覚、直覚、自覚」するとき、われわれは「神の子」に触れているのだが、「神の子」は神ご自身の媒介になっている。

なお、教会は神の統合作用（すなわちキリスト）のなかにあるといえるが、「教会がキリストのなかにある」という場合、「キリスト」は「人間を教会として統合する場」として語られる。すると教会は、「キリストのからだ」つまりこの世におけるキリストの現実性となる。以上のようにして「教会（信徒）はキリストのなかにある」と、「キリストは神のなかにある」という二つの言い方が成り立ち、三者はいわば同心円となることを付け加えておく。

7　統合作用の現実性と信——経験的現実と超越の比喩的表現

7・1　統合作用の場と客観性、内的経験による確認

相対的な統合作用の場は限られた空間である。その限界は常に見えるとは限らないが、あることは確かである。たとえば、細胞は細胞膜をもち、身体には皮膚があり、芸術品には有限な形があり、教会にも、あらゆる社会と同様、正規の加入者とそうでない人との区別がある。

しかし、相対的な場は閉鎖されてはいない。あらゆる社会と同様、外界とのコミュニケーションに対して開かれている。たとえば、（元来統合体であるべき）都市の城壁には城門があった。

それは必要に応じて開かれたり閉じられたりしたものである。一般にコミュニケーションにとって、外部との境界（閉じ）と外部への通路（開け）はともに不可欠である。

場においては、既述のように、構成要素は個ではなく「極」である。それはお互いの間でコミュニケーションを営み、その相互間にフロント構造が成り立つのだ。場には、構成要素同士が衝突してカオス状態にとどまることがないように、「おのずから」持続的な構造と秩序ができ、それらは統合体の自己同一性を担うのである。

さて、相対的な場同士も互いに「極」と成り合うことができる。こうしてより高次の統合体が出現する。だから我々は、——実際に存在してはいないが——「統合された国家群」から成る高次の統合、つまり人類の統合を希望することができる。事態を明晰ならしめるために我々は、結論を先取りして、それぞれの固有の構成要素から成るシステムとしての統合体を挙げておこう。

まず「キリストのはたらき」の場がある。というのは、諸教会の集合は、——実際上はともかく——理念的には全体として高次の統合体を形成し、その結果、国際的教会共同体が出現し、そのなかで諸教会の相互作用が生起する「はず」なのである。実際上はそうではないが、これら教会の全体は「キリスト」のなかにあって、「キリストのからだ」たるべきものである。ただしキリストとは、繰り返すが、神の子すなわち「人間のなかではたらく神」のことである。ということは、逆に人間社会はキリストのはたらきの「場所」となる。

「人類的教会」はまだ成り立ってはいないが、それに対して「（物質と生命の）世界のなかではたらく神」はロゴスと呼ばれる。これを逆にいえば、世界は神のはたらきが現実化する「場所」

だということになる。とすれば、教会は世界のなかにあり、世界は神のなかにある、ということにもなる。

さて、「キリストのはたらきの場」は個別教会とは違って開けた空間であり、そのなかに個別教会の統合（本来なら統合された諸教会）があるはずである。したがってそれは、地上でのキリストの現実性を代表する（『Iコリント書』一二章12節）。そして人類共同体は、物質と生命の「世界」のなかにあり、世界のなかではたらく神が「ロゴス」といわれるなら、「ロゴス」と「キリスト」と呼ばれる場は、それぞれ「神」と名づけられる究極の開けた場のなかにある。

もし、我々が全人類的統合を望み見るなら、それは――もはや伝統的宗教の名で呼ばれることのない――、究極の開けた統合作用のなかで成立することになる。それは新約聖書のなかでは「神の国」として、新天新地（ロゴスの完全な表現）のなかで成り立つ人類共同体（キリストのからだ）として、終末論的に待望されたものであった（『Iコリント』一五章28節。ただしここではキリストとロゴスとは区別されていない）。

さらにいえば、現実に存在する重層的統合が考えられる。諸器官から成る身体はそれ自身が場であり、そのなかで諸器官は相互作用（コミュニケーション――以下同様）を営む。器官もまた一つの場であり、そのなかで細胞が相互作用を営んでいる。細胞もまた場であり、そのなかで諸構成要素が統合されている。細胞を構成する分子と原子もまた微小な場であり、そこで素粒子同士が相互作用を行っている。

さて、生物の全体を生命世界と名づけ、原子などの全体を物質世界と名づけることができる。

とすると、三つの包括的世界があることになる。それは人間世界、生命世界、物質世界である。これらの諸世界は、以下に述べる意味で、究極の開けた場、すなわち「神」のなかにあり、人間・生物・物質世界はそれぞれの意味で、「神のはたらきが現実化する場所」と考えられる。この四つの場が――いわば同心円的に――重なり合っていることになる。つまり場は、いわゆるフラクタル構造をもっているわけだ。一つの場は多くの場からなっている。しかし、まさにここで問題が生じてくる。

世界の総体も、下位の部分のそれぞれも、統合されてはいない。場合によってはカオス状態にある。にもかかわらず、そこには統合体形成作用があり、ある程度の統合体が形成されてゆく。また、もろもろの場の共在と重層は、統合体形成の歴史を示唆してもいる。つまり統合へと向かう発展がある。しかし、それはあらためて次の疑問を呼び起こす。では、究極でもあり、もっとも包括的でもある場とは何か、それはそもそも存在するのか、という問いである。もし、人格が身体であり、身体が生物であり、あらゆる生物が結局は物質から成るものであるならば、「究極的なるもの」は、結局は物質とその相互作用の場それ自身なのだろうか。統合作用は、結局は物質の一属性であって、物質にはある条件下で生命を成り立たせる能力が与えられているのだろうか。それとも物質世界(物理的空間)を包む「超越的なはたらきの場」があるのだろうか。あるとすれば、それはいかにして語られるのだろうか。この問いに関しては、「物質から成る」身体が全体として統合作用のもとにあることが示唆的である。

今日、物理的空間も物質も生成したものであることが知られている。いわゆるビッグバンの後の極めて短い時間内（十のマイナス四乗秒といわれる）に素粒子が形成され、また四つの基本的な力すなわち重力、電磁気力、強い力、弱い力が相別れた。そして、それらの粒子と諸力の相互作用のなかで原子が生じた。それらが集まって星が、そして星雲ができた。星は生成と超新星爆発というような進化の過程で、さまざまな元素をつくり出した。四十六億年前に銀河の内部に太陽系ができ、そのなかに地球があり、地上では三十八億年前に化学的物質の混淆のなかから蛋白質とRNAが現れ、それがDNAの生起に導いた。こうして原核生物のような最初の生きものが生じて生物の進化が開始された、といわれる。

現代の自然科学的宇宙論によれば、物質また生物の起源と歴史は「自己組織系」と見なされるという説がある（伊東俊太郎「創発自己組織系としての自然」『統合学術国際研究所第七回合同研究会会報』二〇〇九年）。それは「おのずから」成り立つものだが、それは——我々には——究極的な統合作用の場の存在を示唆する。そもそも場とは、そのなかにある個が「極」となり、まとまりをつくって統合体を構成する運動が生まれるような空間のことである。つまり、統合作用の場において組織は、「おのずから」生成するのである。物質と生物の歴史は、今日ではもはや必然的因果のカテゴリーで説明されてはいない。それはむしろ、自然の創発的自己組織系（emergent self-organization）としてすら理解される。そして生物の創造的進化は、気候の変動や地球と小惑星との衝突のような危機的状況のなかで、幾度も滅亡に瀕しながら、創造的な危機克服として起こったという。

アトムは、そのなかで素粒子が相互作用を営む場である。一般に原子という「まとまり」は、素粒子間にはたらく力による。そのはたらきは、光子などの「ボソン」の交換によって成立し、原子同士も光子の交換によって結合されているという。原子内部の陽子と中性子は、中間子を交換して結合（融合ではない）しているという。これはフロント構造の一形態と見なされよう。このように原子が、内部にある諸素粒子の「コミュニケーション」によって成り立っているとすれば、原子を統合体の最小単位とみなすことが可能である。

さて現代の物理学では、物質も物理的空間も、生成したものであって、究極的な現実ではないとされる。多次元的空間論というものもある。だとすると、それらすべてを包み、すべてのなかにそのはたらきを表現する「場」が究極者なのだろうか。それは、客観的に見られるなら、物理学的な言葉（数式）で表現されるだろう。そこには「こころ」は出てこない。しかしそれを言葉でいえば、「創造的空」ということになろう。

他方、人間の身体ではたらく統合作用は「統合心」として現れる。客観的に見られると統合作用だが、主体的には統合心として自覚されるということだ。とすれば、客観的に見られる統合体も、主体的に経験される統合心も、同じ究極的な統合作用の場のはたらきが現実化する「場所」だということになる（信――後述）。ただし、両方の場面での語り方は異なるだろう。それは記述言語と表現言語との違いである。客観的には脳細胞の活動であるものが、主体的にはこころとして語られる。空気の振動が音として語られ、電磁波が光として感じられるのと同様である。

ところで、本書はもとより科学書ではない。自覚の深まりの方向に究極者、「神」を探るものである。それはやはり「創造的空」である（後述）。われわれには自覚の深まりという方向が大切であり、有意味でもある。結論を先取りすれば、われわれはこの方向に「神のはたらき」を見て、それを選び、肯定し、維持展開しようとするのである。地球規模でいえば、それは全人類に及ぶ平和な社会を形成することだ。

7・2　統合の客観性と人間的主体

物質、星、銀河、さらに太陽系の成立、地球と生物、さらに人類の出現は、記述言語で述べられる客観的世界の出来事であり、客観的な統合化の系列とみなされうる。人間という身体存在にも客観的に記述できる面がある。

では、統合作用はわれわれ主体の側からはどのように知られるかといえば。人類が全体として円満なコミュニケーションシステムになることは万人の望むところであり、願いではないか。実は我々には統合体形成への「願《がん》」があり、それは自覚面に現れる。そしてこの「願」は、表現言語（正確には表現言語内部の動能言語）で語られる。ところで古来宗教と倫理とが、人間の尊い、よき「本性」と見なしてきたものに次のようなものがある。それはすでに幾度か触れたように、「きよらかな、やさしいこころ、平和への願い、自分の不利になっても真実を求め語る誠実さ、あらゆる逆境にめげない強さ」である（なお後述）。他にもあるだろうが、ここではこれらを挙げておく。

さてこれらは、実際にこころに現れ、自覚もされる、誰にもある願いだが、すべてが一緒にはたらけば、統合された人格共同体形成の方向に向かうものだ。それについてあらためて説明は要すまいが、第一のものは、我執・我欲・我意が現実を自分中心的に編成することを排し、第二のものは争いを排して、円満なコミュニケーションシステムの形成を願う。第三のものについて言えば、コミュニケーションシステムは情報によるコミュニケーションを含むから、情報が虚偽であったらシステムは阻害されるか、最悪の場合は破壊されてしまう。だから嘘をついてはいけないのであって、逆に真実を求め語る行為は正常な情報のコミュニケーションシステムを可能にするのだ。

さらに統合体の形成には逆境にめげない強さ（忍耐・寛容）が必要だ。結局、上に述べた人間の願いは人格の統合体形成へと向かうものであり、統合形成作用の諸面でもある。つまり統合作用は、こころには、これらの願いとして現れるのである。

さて、「コミュニケーションシステム形成への純粋な願い」は、人間の尊い「本性」の発露として、実際に自覚される願いである。したがって、統合を願う心を「統合心」と呼ぶ。とすれば、上記の「きよらかなこころ」等は統合心の諸面だといえる。ところで、統合心は表現言語（宗教言語もそれに属する）で語られ、新約聖書はここに「神のはたらき」を見たといえる（「愛は神から出る」等）。ということは、これらの願いは人間にとってこの上なく大切なもの、尊いものであって、それは自我がつくったものではなく、個を超えたはたらきに根差し、こころに現れるものである。それゆえに――自覚面でいえば――この願いに「神のはたらき」が見られたのである。そして、この尊い願いが究極的には「神」に根差すことを表現・伝達するために、我々は比喩として「神のはたらきの場」を語る。眼に見えない「神」は、比喩（表現言語の技法）でしか語れないのである。

一般に内的現実はイメージとして表現されるのだが、このようなイメージはすべて広義の比喩である。「甘さ」のように、誰でも覚えのある経験ならば、比喩を使わなくても、砂糖をなめさせて、この味を「甘い」というのだよと教えれば、「甘い」という言葉は通用するものとなる。しかし、誰にでも覚えがあるとは限らない経験ないし知見を伝えるには、たとえば「澄み切った」こころというような比喩が必要になる。

一般に比喩（イメージ）は、眼には見えないが否定できない内的現実を、コミュニケーションのために外的現実になぞらえて語る表現言語の技法である。ただしイメージが言語化され、さらに（神）像や（神）話として（不当に）客観化されると、宗教社会ではそれがコミュニケーションの手段ではなく、直接眼には見えない客観的事実として通用してしまうのが通例である（表現言語の記述言語化）。すでに述べたように、雷への恐怖・畏怖が雷神というイメージで表現され、不当に扱われ、憤激のうちに死んだ人物が雷神となって報復をするというような物語がつくられ、ついに神として祀られたのは、わかりやすい例である。

一般に、比喩やイメージを了解するためには、そのような表現を手がかりとして、内的経験に戻らなければならない。我々は特に新約聖書の言語（概念とイメージ）表現を手がかりとして、いかなる内的・外的現実が「神、キリスト、聖霊」のはたらきと名づけられたのかを探っているのであり、それをまずは主体的に経験される統合心に見て、それを語るのである。そしてここからして、客観的世界にも、統合体システムの形成という作用が及んでいることが見られたわけである。

我々の場合、統合作用は――必ずしも必然的・普遍的ではないが――、上記のように、検証可能な外的・客観的事実（記述言語で語られる）とともに、内的に経験される確認可能な現実（表現言語で語られる）でもある。

さて、統合作用を比喩でもって「場のはたらき」と表現するとき、その場の「はたらき」が現実的であっても、次のような問いが生じる。すなわち、「究極的な場」は客観的に存在するのか、その内容は何であるのか、それは物理的空間といかなる関係にあるのか。それらは、本来科学的言語で語られるはずなのだが、まだ科学的・実証的に語られてはいない。したがって我々はまず、表現言語で語るのである。それは具体的には「自覚」を深める方向でなされるのだ（次章）。

ところで我々は実際に、上述した統合心に人間と世界とを超えるもののはたらきを直覚するのである。感じるといってもよい。だからそこで、「神のはたらき」が語られるのである。その直覚の内容が「場という比喩」で語られるわけだ。要するに、人間には統合体形成へと向かう「はたらき」（願い・誓い）があって、それは「統合心」として自覚されるのだが、さらに統合心が成り立つ地平を「場」という比喩で表現するとき、「神」は究極の「場そのもの」と比喩されることになる。むしろ、「場」そのものが伝統的用語で「神」と呼ばれたのである。そして「場のはたらき」の奥に、「場そのもの」が仄かに望まれる経験は、次章で問題とする「瞑想」にある。

以上をまとめると、以下のようになる。世界に統合体が現出する。つまり統合作用がある。さて、人間は身体として世界内にあり、それ自体が統合体であり、こころにも統合心があり、「身体／人格の総体としての自分は、統合作用の下にある」という自覚（自己理解ともいえる）が成り立つ。つまり、世界も人間（身体／人格）も、究極的には統合作用の場の「場所」だと理解されるのである。ただし、これは解釈であって、自覚に現れる「神のはたらき」を直ちに「客観的に」検証・実証することは不可能である。

7・3　現実と比喩

客観世界にも、主体の世界にも、たしかに必然でも完全でもないが、統合体形成への方向性がある。ということは、個人を超え、人類を超え、生物界を超え、さらに物質界に及ぶ統合体形成「作用」は、実際に客観的にも内的にも、経験的に確証される仕方で存在するということだ。

ここまでは比喩ではない、認識され自覚される事実である。ということは、上述した事実にもとづいて、モノの世界もこころの世界も、ともに究極的な統合作用の場の「場所」であると解釈し、その「場」を「神」と呼び、統合作用一般を「神のはたらき」と呼ぶことができる。ただし、「場」そのものを「見る」ことはできない。つまり、統合作用を「場と場所」という比喩を用いて言語化し、「神は物理的空間をも包む究極的な場」そのものだというなら、実はこの操作は、「経験的認識」と「超越を望み見る自覚」との双方にもとづきながら、自覚面で理解された「神」からして、客観的世界の総体を包むということである。

そうだとするとこの理解自体は「客観的認識」ではなく、表現言語で語られる事柄であるということになる。くどくどと語ったが、要するに、もし物質から成る身体としての私が「統合作用の場」のなかにあるならば、物質から成る世界も、それを超えて包む「統合作用の場」のなかにあるということだ。しかしそう言い切ってしまうと、自覚面（ここでは身体は「物質」ではなく、生の営みとして現れる）と記述面（ここでは身体は物質から成る）との混同が起こるので、記述面は自覚面からの「類推」（証明ではない）にとどまるといわなければならない。この理解を「信」だといってもよい（後述）。あるいはこういってもよい。以上はいわば内側から見られた世界である。それに対して「外側から見られた世界」は、人間を含むすべてが物質的反応として記述される。このどちらか一方だけが正しいということはない。

7・4　神、その徴と証し

以上のようなわけで、我々は――自覚面においても――統合作用の「場そのものとしての神」を「直接に見る」ことはできない。しかもそれを語るとき、それは「信」の言語であり、客観的世界に実際に存在する統合化は、自覚面の根本に立てられる「神」の、外的な「徴《しるし》」だといえる。他方、統合「作用」は単に主観的に経験されるものではない。我々に認識可能な、客観世界にも生成する統合体は、人間のこころに現れる「人間を超えたはたらき」（統合作用）が、世界に及んでいるという事実の――眼に見える――「証し」である。実は私は、前著『回心　イエスが見つけた泉へ』（ぷねうま舎、二〇一六年）の第二章7節（一〇七頁以下）で、この「証し」をも「徴」と称したのだが、これはむしろ事実として確認可能な「証し」である。

それに対して、客観的な統合体の存在という事実は、超越的な「神」を語る立場から見ると、見えない神の「徴」だというほうが正しい。神が、客観的世界に統合体をつくる過程は「見えない」（実証不可能）だからだ。このように本書では、「証し」と「徴」を区別することにしたことをご了承いただきたい。

つまり物質的・生物的統合としての我々の肉体は。統合作用が客観的事実であることの「証し」（記述言語で語られうる）である（ただし、ここでは「神」は語られない）。他方、統合作用は「身体／人格の願い」として現れる。この意味での「作用」は自覚される現実で、「こころそれ自身」は作用の「場」である。したがって、こころという「場と統合作用」を拡大して、外的な世界にも「場そのものと統合作用」を見、それを「神とそのはたらき」と解する場合、これはこころの世界からの類推である。とすると物質世界に見られる統合は超越的な「神」のはたらきの「証し」ではなく、「徴」となる。それらは神のはたらきの現れとして「解釈される」。さらに統合心に人と世界をともに超えて包むものが感じられる（直覚される）なら、神への「信」が成り立つ。アウグスチヌスはその著『告白』の冒頭で、「私たちのこころはあなた（神）のなかに憩うまではやすらぎをえない」と語る。このように、われわれのこころは「神」を求め、それを――我々の言葉でいえば――「主‐客を包む究極の場そのもの」に見出すのである、

念のため、さらにコメントを加えておきたい。我々は、人間という存在は客観的にみれば動物の一種であり、身体は物質から構成されていて、身体内の代謝ないし反応はすべて物理的・化学的過程であることを知っている。しかし上述のように、自覚の立場に立てば、「私」とは、「ここ

ろ」（感覚・感情・認識・思考・意志などを営み、同時にそれを容れて自覚する場）であり、さらに生命作用の場としての身体である。身体は物質から構成されているが、身体内での物質の反応は、我々には「生」の営みとして知られる（物質の相互作用と、生体の営為との「作用的一」）。したがって身体は、「生きもの」であって、その営為は生の営為として自覚されるもので、直接的には客観的・科学的な「物質」の振舞いとして認識されることはない。

ところで身体は同時に人格であって、人格は全人類的統合体形成をその願いとしている。つまり、自覚の立場から見ると以下のようになる。物質から成る「肉体としての私」は、事実、生体として統合作用のもとにある。他方、「身体としての私」からしても、身体／人格としての私は、人格共同体形成という統合作用のもとにある。結局、我々の身体（こころを含む）にはたらく統合作用は、客観的世界つまり物質界・生命界に生成する統合体にも及んでいて、客観的世界の生体一般は、統合作用が実際に世界全体のなかではたらいているという「事実」の「証し」である。ただし、その「場」そのものは見えない。他方、自覚に現れる統合作用からして、これを究極的な「神」のはたらきと解するとき、これは「信」であり、客観的な統合作用は「神のはたらき」の「徴」として理解される。それは要するに「神自身」は直接には見ることもできず、知られもしないからにほかならない。

7・5　人格神の比喩

他方、身体はたしかに健康体（統合された身体）であろうとしてはいるが、周知のように健康であるとは限らない。しばしばその反対である。一般に経験的事実としては、世界の全体が高度の統合体をなしているとはまったくいえない。

前述のように、宇宙の生成の歴史のなかに見られる、人間にいたる重層的な統合体形成過程という一本の細い細い糸、幾度かの危機を乗り越えた糸があるのみである。それはしかし、「認識」の立場からすれば、物質世界にもはたらく統合作用の「証し」として解されるわけである。

さらにいえば――ここでふたたび比喩言語が用いられる――、原子から人格にいたる統合体の進化という細い細い一本の糸は、重大なわかれ目で「選ばれ、導かれ」、「注意深く保護され、鍛えられた個」の連鎖によって、成り立ったように見えるのである。たとえば、生命はたった一個の細胞の、またホモ・サピエンスはたった一人の女性の子孫だという。これは――なんだ、最後はやっぱり逃げ口上か、といわれるかもしれないが――、神秘に属する事柄だ。しかもこの「神秘」は、実は日常生活にも入り込んでいる。

他人にはそれがいかにも主観的に聞こえるとしても、「神のみちびき」を感得している人がいる。たとえば、パウロがそうであった（『Iコリント書』一章1節、『ガラテヤ書』一章15節）。私はここで、神学的客観主義に立って「摂理」や「予定説」を主張するつもりはまったくないが、歴史上の出来事はやはり「人格神」という比喩がもっとも適切に用いられる領域である。

私は本書で、自覚の立場から「場所論」的比喩を使って語ってきたが、「世界と人は神のなかに」という感覚はあっても、自覚（「神」は人のなかに）がないままで、歴史の出来事が語られる場面では、「神」は「外から」歴史を動かすはたらきとして「人格主義的比喩」が用いられるのはむしろ自然である。自覚は場所論的に語られるが、一般に歴史（出来事）――個人あるいは共同体の歴史（出来事）――を「導く」統合作用は、「人格」神の行為として語られるのが普通である。実際、場所論的な「神」の場合、神への方向は瞑想にあるが、人格神の場合は祈りがふさわしく、私はそれを無用というつもりはまったくない。ただし、神信仰からして「摂理」について推論を立て、歴史においては必ず「正義」が支配するなどと断言すると、事実との齟齬が生じる。これは「神義論」としてすでに旧約聖書において問題とされたことである。『ヨブ記』がその例である。よく読めばわかるように、『ヨブ記』は、なぜ不正不義なる人間が栄えて義人が苦しむのかという問いに神学的な答えを与えているわけではない。『ヨブ記』は、義不義と幸不幸は別問題だといっているだけであって、両者を結びつけていた当時のユダヤ教への問題提起、ないし批判と見なされうるのである。

いずれにせよ、共同体の「歴史」を語る旧約聖書は人格神を立てる。それに対して新約聖書が個人の「自覚」を問題とする場合は（『ガラテヤ書』二章19-20節が適例）、「己事究明《こじきゅうめい》」をこととする仏教と同様に、言語は場所論的となり、神への方向は瞑想に求められる（次章）。さらにいえば、「統合力が必然性をもたない」ということは、統合作用は内的には強制ではなく、「はたらきかけ、促し」だということであり、これは――比喩的に表現すれば――強制ではなく、聴従ないし応答を求める「語りかけ」と解されるのである。ここにも人格主義的比喩が用いられる理由がある。

要するに客観的世界に見られる統合体の連鎖と進化は、我々のこころに現れ、はたらきかける統合作用が客観的な世界のなかでも実際にはたらいているという「証し」として理解される。他方、自覚される現実からして究極的な「神」が語られるとき、客観的世界での統合作用は、「神」のはたらきの「徴」として理解されることになるわけである。

以上、私が言いたかったのは、表現言語で語られる「神」は、「こころ」と同様、記述言語（科学的叙述）のなかには出てこないし、数式として表されることもなく、数式の一項として現れることもない。しかし、だからといって、「神」という言葉は、「こころ」と同様、表現言語として理解できる限り、無意味ではないし、「神」という言葉で指示されるものも非現実ではない、ということである。

7・6　知にもとづく信

右の意味では宗教的世界像は全体として「信」じられることになる。この場合の「信」は、教義を納得できる説明なしに受容するという意味での「信」ではない。むしろ旧約聖書的な「信」（エメス）、つまり客観的・歴史的世界の究極の場としての神を信じ、「場」のはたらき、すなわちこころに現れる神の意志（統合）を知り、その成就を信じて、それに主体的に参与するという意味での信である。

その意味での信実、誠実のことである。つまり信は、まずは統合作用の現実性に接して、そのはたらきが主 - 客の全現実に及んで実現を求めていることを実感し、それにもとづいて、その実現に誠実に参与することである。

この信は、内容的にはすでに、「三位一体の神」への信と等しいことはすでに述べた。とはいっても、「神の意志の成就」はそもそも信じられるのだろうか。繰り返すが、統合作用は必然でもなく完璧でもない。ビッグバンにおいては全エネルギーのほんの数パーセントが物質化したのであり、太陽系のように統合された天体システムは比較的少ない。生命は、統合論的には、宇宙のいたるところに出現可能なのだが、これまでは絶妙な諸条件に恵まれた地球上でしか見出されていない。身体は健康だとは限らないし、生体は必ず死ぬ運命にある。人類は最終的統合に到達していない。世界はなおカオス的である。世界のなかには死があり、自然的災害があり、人間の世界には衝突、差別、不正、搾取、殺戮、無秩序、愚昧、虚偽、病気、戦争、不条理、無意味等々がある。地球上には多くの罪悪と苦悩と悲惨があり、統合成就は稀に、特定の条件下で、小さな確率をもって生起するのみで、しかもなぜそうなのか我々にはわからない。

それらを心得た上で、人間はやはり統合作用を自覚し、実現に参与する存在である。我々は統合が必然ではないことを知ればこそ、それを「選び」、「信じ」、人類世界の統合に向かって行為するのである。そこにも人格主義的比喩が語られる余地がある。これは伝統的神学では終末論として語られたことであった、

7・7　神の超越性と内在性

さて物質世界はもっとも包括的であって、生物界を包み、生物界は人間界を包むといえる。この意味では、さらに物質とその相互作用の場をも超えて包む（これは比喩）「究極の統合作用の場」は、我々からもっとも遠いものである。しかし自覚の立場から見れば、上の順序は逆転される。

純粋で無条件的なコミュニケーションへの意志において、人は尊ぶべき「統合作用」を直接に、つまり経験不能な単なる「超越」としてではなく、内在的現実として直接に経験するのである。それはもっとも遠いものではない。それは我々にもっとも近いもの、むしろ人格共同体を形成するはたらきとして、人格がそのいわば中心において直接に経験・自覚される作用である。そして、たびたび述べているように、この作用を「神のはたらき」と呼ぶところから――当人はそこに求めていた神を見出したというだろう――、超越神への言及が始まる。

この観点から比喩的に語れば、世界の全体は超越神の作用の場のなかにあり、人格も自然もこの作用を宿し表現する。それはまさにイエスが「神の国と神の支配」の宣教で語ったことにほかならない。

まとめ

さて我々は以上において、統合体においては「個と集合」ではなく、「極とまとまり」が、「因果論・目的論」ではなく、「作用と変換」が、「命令と服従」ではなく、創造的自由が、「直線的関係」ではなく、「円環的関係」が、(普通の意味での)「時間と空間」ではなく、「場」が、妥当することを見てきた。では疑問ももたれず、当然のこととして日常的に用いられている「個と普遍」、「因果論・目的論」、「同一と差別」、「上下関係」、「時間と空間」という枠組みはどこで妥当するのか。誰が何のために用いているのか。これらの問いは、本書第一章が問題としたところであって、そこでの結論を繰り返せば、それらは「自我」が情報を処理するために用いる道具立て

（もっとも基本的なカテゴリー）であり、実は局所的な空間と時間内で有効な知性の道具である。どのようにしてかは解らないが、人類にいたる生物が長い進化の過程で獲得した、身近な範囲で情報を処理するのに適した仕方である。それらは、宇宙大の現実や、素粒子的な微小な世界を理解するために適した道具ではない。あるいはこうもいえる。一意的な情報を求める自我の知性は、「統合体」を把握するのに適してはいない。

ここで情報処理のために自我が用いる仕方と、統合体の認識と記述のために用いられる概念性とを、表として対比しておく。特徴的なのは、ここまでの叙述で多分明らかになってはいると思うが、自我の知性に馴染むのは「個と統一」であり、「自己・自我」に見えるのは「場と極と統合」である。統合という視点からは個は「極」なのである。統一という視点は両者に共通するが、自我の知性にとって統一は、「普遍」というそれ自身で成り立つ現実であるのに対して、統合の視点からは統一は統合の一要素である。

自我の概念性	統合心の概念性
時間と空間	はたらきの場
自己同一性	ホメオスタシス
個（実体、存在者）	極
集合	まとまり
普遍	統一

因果　　　　　　　　変換
目的　　　　　　　　目標（バランスの回復）
一方的支配‐服従　　円環的コミュニケーション
分析（要素還元主義）分節（まとまったまま、構成要素に区別すること）
観察　　　　　　　　関与
認識　　　　　　　　自覚

ここで注意しておきたいが、自我の知性には統合はまったく把握できないというのではないということがある。ただ、自我の知性が一意性を求めるとき、一意的なるものしか見えなくなる。ヘーゲルはそれを見抜いたから、正に対して反を立て、両者の綜合に具体的真実を見た。彼は、現実の力の世界では定立されたAは非Aを排除するが、概念的思考の世界では、「Aは非Aではない」といわれるとき、「非A」は排除されて退場するのではなく、まさに「非A」という概念として定立されること、そこからして両者の綜合が求められることを洞察したのだ。こうして彼は概念の綜合的体系をつくった。

しかし「考えられる世界」は、「実際にそうである世界」ではない。「思考と現実とは同一である。現実は、必然性をもって考えられる通りに存在する」という西欧の理性主義哲学を一貫するパルメニデス的原理は正しくない。この原理は、我々が日常的・無自覚的に使っているものだが、その不正確さは直接経験において直証的に明らかであり、言語批判によっても明らかとなる。

「思考と存在とは同一である」という意識的・無意識的な前提が決定的に精算されたときに、我々の知性にも「統合」が見えてくるのである。要するに、一意的言語（思考）を絶対化すると統合性は見えなくなる。弁証法的に一意性を克服しても同様である。ヘーゲルの場合、現実は概念という言語世界に解消され、歴史「法則」を立てるマルクスの場合も、個は創造的自由を本質とする「極」として理解されてはいない。一意的言語の絶対性から自由になればなるだけ、統合性が見えてはくるが、そこからの解放は、「直接経験」において言語化された世界は現実とは異なることが実感されたときに、成就する。

こう言い換えてもよい。通念に規定され、エゴイズムに動かされ、一意的言語を用いて現実を自分中心に編成しようとする「単なる自我」が滅びるのは、身体／人格としての人間の本性が、統合作用を自覚的に表現しつつ、それをいま・ここで現実化する場合である。次章の「瞑想」はそれを助ける道にほかならない。

III　瞑想の行方

第五章　瞑想と現代

1　神に「触れる」

外から観察すれば脳細胞の活動であるものが、内では「こころ」として自覚される。脳細胞が思考を「分泌する」のではない。思考は物質ではない。重さもなく、化合物でもない。脳細胞が思考を分泌するさまを観察できるわけはない。同様に、客観的には空気の振動であるものが、身体内（耳）では「音」として感覚される。客観的には電磁波であるものが、身体内（眼）では「光」として感覚される。感覚的には痛みと異物感であるが、観察すれば指に刺が刺さっている。客観的には物質的反応であるものが自覚には生の営みとして現れる。これらの場合、客観的事実と感覚との関係は変換であって因果ではない。

コミュニケーションシステムとしての統合体は、客観的に事実として確認される。他方、統合化の作用は、身体／人格（こころ）の側では、「きよらかな、やさしいこころ、平和への願い・誓い、損得を度外視して真実を求め語る誠実さ」等として現れる。これらを統合心というなら、それは「こころ」の現実である。「こころ」といっても、それは「からだ」と区別された「こころ」ではない。身体的営為の自覚を含む「こころ」である。こころはからだに根差している。しかしこころの内容には、さらに奥がある。それは統合心を容れる「場」としての「こころ自体」である。それはこころの内容が「無」となったとき、「創造的空」として露わとなる。

ところで既述のように、客観界にも——物質から成る——統合体がある。最近の科学は物質(物理的空間を含む)が生成したことを教え、物質生成以前を考える。ところで統合作用にその場があるとしたら、物質界を超えて包む「場」、物理的空間と物質・非物質が無になったときに露わとなる場があるはずであり、それはやはり「創造的空」であるほかはあるまい。

この二つの「創造的空」はいかなる関係にあるのか。世界のなかに身体があり、身体のなかにこころがある。とすれば、客観的な世界と身体を包む、究極的な場そのものである「創造的空」と、統合「心」を包む、こころの場としての創造的空とは、直接にはつながっていないが、構造上類比的である。こころと世界との間には、既述の変換関係だけではなく、類比関係もあるということだ。ただし我々は、客観界とこころとの間に、たとえばスピノザが考えたような平行的同一性を設定することはせずに、統合という共通な構造を考えている。では、こころという場自体が創造的空であるという自覚は、世界のいわば「奥」が創造的空であるという認識に通じるのだろうか。究極的なるものを求めてきた哲学は、これを肯定したがるでもあろう。しかしその同一性は、感覚にも認識にも、直接には与えられていない。

とはいえ、本書がここまで述べてきたように、場それ自体としてのこころは統合作用をつくりだすという事実がある。他方、統合作用と統合体とが客観的世界内部に認められるという事実があり、そのいわば「奥」に、創造的空としての場自体があるということが類比的に考えられるなら、場としてのこころ自体はそれを映していることになる。

こういってもよい。こころに現れる統合作用と、世界内に認められる統合作用とは、同じ超越的な「統合作用の場そのもの」、つまり「創造的空」に根差す、その表現の「場所」だということである。実は認識の順序は逆であって、こころに自覚される統合作用は、世界にはたらく統合作用と類比的であり、究極的には同じものだと解釈されるのである。

厳密にいえば、これは既述のように、こころが世界を類比的に捉えるということである。いずれにせよ、それをいうのは認識ではなく、認識に支えられつつその限界を踏み越える、自覚にもとづく「信」である。

さらに一歩を進めて、こうもいえる。実は、「身体性」（身体／人格性。客観化された「肉体」ではない）とその営為の自覚は、呼吸にせよ身体の動きにせよ、身体性を超えた超越的なものの感覚を含んでいるのである。それは作用的一の感覚であり、これが「信」を支える。

そして、そのような自覚を深め純化するのが瞑想なのである。既述の比喩を繰り返せば、われわれは網膜上に映る太陽（神の子の比喩）を感覚しているのだが、経験上は太陽（神の比喩）を見ているのである。そのように、われわれのなかで経験されるのは「神のはたらき」あるいは「神の子」だが、その経験が「神経験」である。誤解を避けるためにいうなら、「神の子」のはたらきを媒介として、「神」に——作用的一を直覚するという仕方で——「触れる」（比喩）のである。

本章では瞑想について語る。といっても瞑想一般についてではない。本書は「統合」ということを中心に書かれている。したがって本章の主題もまた「統合」中心の立場で、いかなる瞑想が成り立つかということである。統合中心の立場で豊かな瞑想の可能性が開けてくる。

2　瞑想とはなにか

2・1　瞑想の問題性

プロテスタントである私にはもともと瞑想経験はないが、まるで知らないわけでもない。まず、学んだのは坐禅である。これは「仏教とキリスト教との対話」の文脈で、何度も正規の師匠（老師）から指導を受けた。それ以来、自分の経験と見聞から、坐禅のありがたさとともに、ある問題性を感じてもいる。それは、一般の坐禅会にせよ瞑想会にせよ、いきなり指導者のいう通りに瞑想をした場合、それは「ただ、いわれた通りに行う単なる自我の受動性」にとどまってしまったり、あるいは「無心になる」といっても、「単なる自我」の一時的な活動停止に過ぎなかったりして、坐禅から立ち上がれば、また元の単なる自我に戻ってしまうという問題である。

道元が「ただわが身をも心をもはなちわすれて、仏のいへになげいれて、仏のかたよりおこなはれて、これにしたがひもてゆくとき、ちからをもいれず、こころをもつひやさずして、生死をはなれ仏となる」（『正法眼蔵』拾遺、「生死の巻」）というとき、ここには肝要な事柄が正確に語られているのに、通常の坐禅の実習では、「仏のいへになげいれて」が——これは浄土教では信心として、キリスト教では信仰の決断として、中心に置かれている——、十分に説明・実行されていないのではないかということである。

つまり、「身をも心をもはなちわすれて」とはとにかくいわれるのだが、「仏のいへ」があり、「仏のいへになげいれる」ことがあり、「ほとけのかたよりおこなはれ」ることが実際にある、とはあまりいわれない。しかしこれらが重要なので、それについては、学ぶ側に「法」（仏）と、それを示し教える師に対する、こころからの「信」（信頼し、身をゆだねる）があるはずだ。実はその信において、「身をも心をもはなちわすれて、仏のいへになげいれて」が成り立つのに、だから瞑想に入るときも——瞑想中でも——、この意味での「信」が必要なのに、一般の瞑想会ではこの点が十分に配慮されていないのではないか、という疑念である。

要するに、生き方の転換（本書の言葉では、「単なる自我」から「自己・自我」への転換）が生起するためには、まずは単なる自我が一意的言語情報に固着・依存している状態を克服することが大切なのに、伝道や瞑想の場に赴くと、「これこれこのように伝えられているから、それに従って、こうこうせよ」と教えられて、それに従う。当然といえば当然だが、この行き方は新しい情報への固着・依存をつくり出し、「信」自体も新たな「単なる自我の自力行」に変質してしまいかねない。信といっても、ただ特定の情報を「信じなさい」といわれて信じる場合には、そうなる可能性がある。「信」は解放なのか、新しい依存なのか。信や瞑想は新しい自力行になるのではないのか、瞑想を考える上で、まずはこの問題を念頭に置いて、一般論から始める。

私は、「単なる自我」の閉鎖性・自己完結性が破れて、自分のなかで統合心が目覚め、統合心が自分の心となって自我を動かし、自我において統合体形成の行為が成り立つためには、まず「信」が必要だと思っている。それはまず、「単なる自我」には知られていないが、超越的な統合作用が実際にあって私を生かす」という「信」である。その他面は同時に世の中のことも、他人のことも、自分のことも――それらはすべて単なる自我の事柄でありうるから――忘れ、放棄することだ。そのとき、こころのなかに統合心が現れる。「直ちに必ず」とはいえないが、現れてそれが私になってゆく。

ところで統合心が最後ではない。統合心は、新約聖書では「キリスト（神の子）のはたらき」であり、そのいわば奥に「神」が語られている。そして「神との一致」はカトリック教会の中心であり、プロテスタントでは一般に神との「一致」は語られないが、プロテスタントでも滝沢克己は「神と人との一」を「神われらとともにいます＝インマヌエル（キリスト）」として語った。さて本章は、「統合心」から「神」にいたる道を問題にする。神そのものを見るというのではない。統合心の底にある「神」のはたらきに触れることである。それは「信」において現れた統合心を、さらに「瞑想」によって深化・純化すること、そして深み（創造的空）にいたる道である。もし、罪や煩悩や、不安や虚無（無意味感）からの解放があるなら、それは――最終的には――創造的空の創造性に触れるところにあるからだ。

さて、この道が正しいという保障は、私にとっては、むろんそこからして禅が理解できるかどうかという点も問題になるのだが、中心は新約聖書、なかんずくイエスが理解できるかどうかという点にある。イエスの言葉というのは、たとえば、「神は悪人にも善人にも太陽を昇らせ、正しい人にも正しくない人にも雨を降らせる」（『マタイ福音書』五章45節）とか、また「一羽の雀といえども神抜きで地に落ちることはない」（同書、一〇章29節。「神の赦しなしに」は意図的な誤訳）というような、倫理も終末論も生死も超えられた立場である（後述）。これはイエス当時のユダヤ教とも、また伝統的キリスト教の神理解とも違う。

いったい、イエスの言行についても、実際に「わかる、その通りだ、こころから納得できる」ということがあるはずだ。どうしたらそこにいたれるか。そこにいたったとき、「イエス」を単にモデルとしてその言行を外的に反復するという、「キリストのまねび」は放棄されるはずである。要するにイエスが見つけた泉から飲み、イエスの言行を理解するためには、やはり「自己・自我」に関する省察だけではなく、信と瞑想による深化が必要なのである。

プロテスタントは瞑想を、（単なる）自我の努力によって真理あるいは救済に到達しようとする自力行の一つとして排し、「信仰のみ」という原則を立てたけれども、瞑想は元来（単なる）自我の「自力行」ではない。まったく逆に、単なる自我の自己完結性・閉鎖性を破って、「自己・自我」としてのあり方に転換するという、信と同様の文脈のなかにある。それだけに瞑想は信に伴われなければいけないのである。

プロテスタント教会は「信仰のみ」、「聖書のみ」を原則としてきたが、実は伝統的キリスト教の教義・神学は聖書の一部一面にもとづいているにすぎない。教義と一致しない部分は無視されている（拙著『〈はたらく神〉の神学』岩波書店、二〇一二年、第一章参照）。しかし、「聖書のみ」とはどういうことか、聖書が何を語り伝えようとしているかは、実は聖書を一読しただけでわかるものではない。聖書はもともと救いに関する「知識」（一意的・客観的情報）を与えようとしているのではないからだ。聖書をまずは正確に読むことが大切で、聖書のテクストを理解するためには、基礎的な聖書学的知識だけではなく、人間のあり方についての理解と洞察が必要なのである。「単なる自我」が聖書を単なる自我の立場で読み、聖書のメッセージを「救いに関する知的・実践的情報」として受け取ったら、それはまさに情報の拘束からの解放を求める新約聖書のメッセージとはまったく反対のものになってしまう。

また「信仰」といっても、もしそれを——伝統的教会がそう教えてきたように——教会教義を「疑わずに信じる」という意味で理解するなら、それは自我が、——ローマの国教となった古代のキリスト教会がつくりあげた——救いにかかわる「客観的」情報を、疑いを排して受け容れることになり、現代の知識や生活とも乖離するだけではなく、客観的情報に依存する単なる自我の強化ともなりかねないのである。

では、ここでいう「信」はいかなるものか。信とは、まずは「神のはたらき」（本書では統合作用）があって、各人の身に及んでいることを信じ、単なる自我が自分自身を立てようとする「自力」を放棄して、みずからのすべてを「神のはたらき」にゆだねることだ。換言すれば、信とは「現実化」を求める統合作用（エメス）を阻害するもの（第一章の「単なる自我」）から脱却して統合を現実化させる行為、実現を求めているものを実現させる行為である。

瞑想においても同様の事情がある。たしかに自力の瞑想があるから、それは排されなければならないが、何が自力の瞑想かを明らかにするためには、やはり真摯な省察が要求される。本書は、新約聖書が何を伝えようとしているかを明らかにした上で、さらにその内容を掘り下げるために、信と瞑想とを信仰生活にかかわる事柄の両面として語る試みだと承知していただきたい。

瞑想とは何か。一言でいえば、それは信によって成り立つ「こころ」の浄化・深化であり、明晰化でもある。伝統的プロテスタント教会でさえ、「信」の内容を自己批判的に明確化する「神学」は、「信」自体の営為の一部であると理解してきた。もしそうならば、つまり「神学部」が不要とされていないならば、実は瞑想も不要ではないということだ。プロテスタントが正しい意味での「修道院」を排したのは正当とばかりはいえない。キリスト教の健全さを保つためには、「教会」だけではなく、自己批判的な「神学部」と、信の深化を任務とする「修道院」に当たる機能が必要である。

3　瞑想の実際

瞑想の場合、形の模範はやはり長く豊富な伝統をもつ坐禅である。坐禅は仏教以前から実習され、仏教に取り入れられ、中国で成立した禅宗において中心的役割を担うようになった。正しい姿勢というような優れた点は多くあるが、形の観点からすれば、まず上体が安定して、眠気のさすことがない。呼吸への配慮も行き届いている。

もっとも、坐禅と瞑想とは同じではない。一般に瞑想は宗教的場面の表象や、宗教的対象への意識の集中のような心的活動を伴うものだが、坐禅はそうした営為を排している。特に曹洞宗の「只管打坐《しかんたざ》」がそうだ。また現代人、特に老人にとっては結跏趺座《けっかふざ》は——半跏《はんか》でさえ——無理である。私は瞑想に際しては、坐禅を範としながら、特に中高年のために無理のない形が可能だと考えている。それは、キリスト教でもフレンド派（いわゆるクエーカー派）が行っている、椅子にかけてする瞑想で、実際多くの瞑想会でも採用されている。まずは形を述べる。

3・1　姿勢、呼吸

椅子には、背もたれに寄りかからないように、浅くかける。大腿部と直角に真っ直ぐ上を向いた上体を支えるため、腰と下腹部だけに力を入れ、他の部分はすべて力を抜く。クリスチャンは祈りの姿勢に慣れているから、とかく頭を垂れがちだが、これでは肩と頸に力が入るので、頭部の重みをすべて脊椎で支えるよう、顎を引き加減に正面を向く。

坐禅の場合、目は半眼で斜め下に向けられる。見るでもなく見ないでもなく、自然にまかせる。眼を閉じないことには意味があるが、場合によっては眼を閉じたほうがよいと思われる。これについては後述する。

歯を食いしばってはいけない。舌は自然に上顎に着く。坐禅では左右の手のひらを上に向けたまま、右手が下になるように、左手をのせる。親指は両方を立てて指先を合わせる。手はその形のまま下腹部に当てる。この形は踏襲されるが、祈りの場合のように指を組んだまま手のひらを幾分開いて下腹部に当ててもよい。なお椅子にかけて力を抜けば、爪先も膝も開き気味になるが、努力して合わせる必要はない。すこし開くくらいはかまわない。

「坐禅」中は無念無想といわれるが、これはなかなか困難である。瞑想の場合でも、まずはこころを落ち着けることが肝要だが、いろいろな雑念が浮かんでくる。こころに浮かぶ想念はあるエネルギーをもっているから、自我はついそれに巻き込まれて想念を追い、特定の事柄を考え始めることがある。しかしこれは気がつけば消えるから、気にすることはない。要するに特定の主題を追う思考はしない。ただし瞑想の場合は、以下に述べるようなことがある。

坐禅では呼吸法が重んじられる。正しい呼吸はこころを落ち着け、正すからである。呼吸の重要性には理由がある。呼吸は、ふだんは無意識になされているが、意識的に調整することも可能である。宗教とは「自然」を体得する道だといってもよいのだが、呼吸は「身体の自然」と「自我による制御」の両方にかかわっている。したがって呼吸を落ち着けて、呼吸を身体の自然に合わせることを学べば、身体の自然に目覚めてそれに自我による制御を一致させること（自我の一方的身体支配を棄てること）一般を学ぶことに通じるわけだ。呼吸への配慮はあってもよい。

なお、姿勢に関しては、特にからだが弱っている人は、もっと楽な姿勢、たとえば寝椅子に横たわった姿勢での瞑想も可能ではある。ただし、この場合は眠くなる危険が大きい。眠りには気持ちを落ち着ける効果があり、また眠っても目覚めて瞑想を再開すればいいのだが、居眠りは特にグループの場合は望ましくない。眠ってばかりいては仕方がない。楽すぎる姿勢は例外だと考えていただきたい。

3・2　瞑想（信・瞑想）――自我を身体の一部に返すこと

瞑想は要するに、まずは自分（と他者）の全体を支配しようとしている自我、換言すれば狂躁し暴走している「単なる自我」を鎮め、身体から浮き上がってしまった自我を身体の一部に復帰させて、身体の一機能に戻すことだ。身体を船体に喩えれば、自我は操舵手で、船長（自己）は別にいる。普通は自我が、操舵手であることを忘れて、船長を密室に押し込め、船長気取りで航行を支配しようとしては難破する。だから操舵手（自我）を然るべき位置に戻して、船長（自己）を密室から開放し、その言葉が操舵手（自我）に届くようにすることが眼目である。

自我が身体から遊離して身体を支配しようとするとき、身体は肉体に変貌して自我に反抗し、こころとからだが分裂する。それが単なる自我の通例である。それに対して自我が身体の一部に復帰して、全体性（統合）を回復した身体においては、身体（いうまでもなく、こころとからだ）の自然が成り立つ。換言すれば自我は、自我を含む身体の全体性と、その全体性を成り立たせるはたらき（自己）とに、気づいてゆく。身体の自然が目覚めるといってもよい。

これは、身体から遊離した自我の肉体支配が消滅して、身体性の直接経験が現れることで、自我が「単なる自我」ではなく、「自己・自我」の自我となるということだ。本書の言葉でいえば、統合心が目覚め、それが「自分」となる。これについてはさらに後述する。信にもとづいた瞑想において、自我の身体復帰が成り立つまでにどのくらいの時間がかかるかは、個人差が大きいので一概にはいえないが、次節以下でやや詳しく述べる。

さて本性への「目覚め」のあとはどうなるか。瞑想は不要になるのだろうか。私はそうは思えない。「目覚めた」あとには、目覚めの内容の純化・深化・明晰化が必要なのであって、瞑想はその道となる。つまり信と同様、瞑想も一生続くわけである

坐禅と同様、瞑想も正しい師のもとに、グループで行うのがよい。独りでは勝手な行動もできるし、さまざまな疑問が生じる。異常心理的現象が生じる可能性もなしとはしない。なお、欧米では多くのクリスチャンが――プロテスタントでも――、すでになかば当然のこととして坐禅を範とした瞑想を行っているのに、日本ではいままで異教として侮蔑し退けてきた「禅」の行《ぎょう》を取り入れることに抵抗があるためか、ほとんど行われていないのが残念である。学ぶべきことは他宗からでも学ぶべきだ。しかも坐禅（瞑想）には、もともと宗旨・宗派を超えた普遍性があることを知るべきである。

ところで瞑想は、「目覚め」（回心→覚）への一つの――あるいは重要な――道であり、またその深化でもある。とすれば、「目覚め」（回心→覚）とはいかなる事態であるか。ここまで折々触れてはきたけれども、重要な事柄なので、ここで一応まとめておくことも無用ではないであろう。以下、それについて記す。

4　「単なる自我」から「自己・自我」への転換

前章で「単なる自我」と「自己・自我」とについて述べた。信と瞑想にかかわる本章の主題は、「単なる自我」から「自己・自我」への転換はいかにして生起するか。また「自己・自我」のあ

り方をいかにして深めるかということである。一般に瞑想といえば両者を含むのだが、本書の考え方を簡単にいえば、すでに述べたように、転換においては「信」が中心であり、後者は自覚を深める瞑想による。ただし、「自己・自我」の成就に関しては、一意的・必然的な因果関係を求めることはできない。したがって、こうすれば必ず上記の転換（単なる自我→自己・自我）が起こるという方法はない。しかし、そのために何もできないというのではなく、転換の起こりやすさ（確率）を高めることは可能である。

4・1　真実を求めるこころ

宗教への道はまず、「真実を求めるこころ」であるとはよくいわれることであり、それは実際正しくもある。ここでの問題は、現代では一般に「真実」とは「自我による客観的事実の正しい認識」だと、ほとんど無自覚的に前提されていることだ。むろん自我による正しい学的認識があり、それは多くの場合言語（数式などを含む広義の言語）によって語られ、記録され、伝えられている。自然科学を代表とするが、社会と歴史についても客観的・実証的認識の面があり、それは現代生活のために不可欠の営為である。

また、正しい認識の根拠を問う哲学がある。哲学と世界観との違いは、哲学は知ること、考えること、語ることの批判的検討を通して、その正しい仕方を探り、その上で現実の論理的・総体的認識を求めることだ。もっとも哲学の主流は古代ギリシャ以来理性の自覚、すなわち「考えることによって、考えるとはいかなることか、そこから現実についていかなる知見がえられるか」

を明らかにする理性主義的営為であり、これはエレア派、特にパルメニデス以来、ヘーゲルまで一貫していた。それは「考えることと存在することとは同一である」という前提にもとづき、「存在は考えられる通りに存在し、考えることによって開示される」と主張する。しかしそれは正しくない。いかに「必然性をもってそう考えられる」としても、思考の結果は、実験・実証によるにもせよ、観測や経験によるにもせよ、実地に確かめられなくてはならない。

これは直接経験が示すところであり、また近代科学の原則であり、実際健全な原則であって、近代科学が発展したのは、理論に検証が伴ったからだ。事実、理性主義的哲学は客観的事実の認識に関しては経験から出発する自然科学および社会科学にはるかに及ばなかった。また理性主義の場合、自覚といってもそれは理性（自我の知的能力）の自覚にとどまり、自我の奥にあって自我を動かすもの（自己）、むしろ身体／人格の全体をはたらかせるもの（宗教が求める真実）には達しなかったし、達することもない。

したがって本書において「真実を求める」とは、客観的事実の正しい認識あるいは思考の自覚を求めることではなく、自我を含む身体／人格を生かすはたらきを内外――特に自分の内――に見出し、そのはたらきに目覚めること、その「自覚」にいたることである。

要するに現代人にとって正しい認識とはまずは正しい情報のことであり、真実の探求とは正しい情報を手に入れることである。それに対してここでいう真実とは、「正しい一意的言語情報」のことだけではない。「単なる自我」への批判は一意的情報のみを重視する言語への批判を含意している。言語批判をいうのは、「自我」を成り立たせるのはまずは言語だからである。

人間的自我とは言語を用いる自我のことだ。要するに、ここでいう「真実の探求」とは、正しい情報を求める「自我」が主体の座を降りて、身体／人格の全体性を自我に媒介する「自己」が自我に現れ（自己が自分になる）、「自己・自我」が成り立つことである。

こうして自我の眼も新しく開かれる。自我批判が言語批判である所以である。要は、「一意的言語を使う自我が自分の身体を認識して支配し、他者をも意のままにしようとするあり方」が精算されて、自己（パウロのいう「内なるキリスト」、本書では統合心）が現れ、「単なる自我」が「自己・自我」の自我に変わることである。

4・2　回心と信

宗教的真実の探求のためには、「単なる自我」が正しい情報を求める「真実の探求」から、「人格を生かす真実」の探求への転換が必要である。

さて、後者の内容を、本書は「統合作用と、その自覚としての統合心」に見てきたのだが、統合心が自覚に現れ、自我をはたらかせるようになることを宗教的「回心」という。既述のように「回心」にいたるとされる瞑想があるが、回心は一般に瞑想中に起こるものではなく、瞑想が前提になっていたとしても、実際は日常生活のなかで、さまざまなきっかけで起こるものである。

ところで私は、回心に導くものはまずは「信」だと理解している。「信」といっても、特定の教義を疑わずに「信受」することではなく、統合作用（生けるキリスト）への信である。それは本書でたびたび言及した、「あなたがたのなかではたらいて意欲とはたらきを成就させる神」（『ピリピ書』二章13節）への信でもある。仏教にも、浄土教では「阿弥陀仏の願」への信心がある。仏教一般にも（統合作用のさらに奥にあるものを含めて）「法」といわれるものを信じ、また自我の自分支配を棄てて、「ほとけのかたよりおこなはれるはたらき」に身をゆだねる「信」がある。

宗教への道とは、まずは何をおいても「真」を見出すという決心と覚悟である。まずはそのための「信」が必要だ。そして真を見出すとは、繰り返すが、認識と実践にかかわる一意的情報をうることではなく、身体（世界のなかに置かれた身体、からだとこころの総体としての身体、身体／人格としての身体）を生かすはたらき、本書でいう「統合形成力」に自覚的に参与することだが、それは換言すれば「自然」に触れること、「自然」を体得することである。ただしここでいう自然とは、近代の自然科学の対象としての「自然」界ではなく、浄土教（法然、親鸞）がいう自然法爾《じねんほうに》（阿弥陀仏のはたらきがそうさせるから、おのずとそうなる）、イエスがいう、神のはたらきにもとづく「おのずから」（『マルコ福音書』四章26節）のことである。この意味での「自然」は、単なる自我の「人為、作為、自力」にとって代わる仕方で現れるものである。

4・3　回心への道

ところで統合作用の自覚にいたる道は、実際上一つではなく、大きく分けて二つある。第一は、真実の探求と称して客観的知識という意味での正しい情報を求めていた自我が、その限界に気づくことである。本書第一章で述べたことだが、一意的情報は事柄の一部一面、つまり自分の一部一面しか開示しない。また、言語社会においては、通念が事柄を代表し、言葉の意味が現実そのものとして通用してしまう結果、「単なる自我」は通念に従って現実（特に自分自身）を扱うという誤謬を犯す。それだけではない。自我は、主‐客、同一・差異、個・普遍、原因・結果、目的・手段など、自我が情報を秩序づけるために用いる範疇を現実そのものの構造だと勘違いして、現実を一意的に系列化して、世界と人間との「自然」を歪め、破壊する。自我が現実の一意的言語化・秩序づけの限界（誤謬）に気づくとき、言語化された現実は現実そのものとはまるで違うことがわかる。

　言語化されていない現実が現前する出来事には、「主‐客の直接経験」というように呼ばれるものがある。通念的な主‐客、自‐他の対立が失せる。むろんそこで、「現実が何であるか」が直ちにわかるのではない。そうではなく、まずは現前した現実がいままで現実だと思っていたものとはまるで違うこと、まずは言語で限定されない、無限の奥行きをもっていることが「見えてくる」出来事であり、一意的言語による自我の自己限定が失せて、「自己」のはたらきに目覚めることだ。

　これは仏教——特に禅宗——が「不立文字《ふりゅうもんじ》」のモットーのもとに伝えてきたところである。特に臨済宗の「公案」は、修行者つまり客観的認識しか知らなかった自我に、一意的言語では答えようのない問いを突きつけて答えを迫り、「単なる自我」が絶命して「自己・自我」の自我に甦ることを求める。すなわち「主‐客直接経験」が、本書でいう「自己」の顕現（自己が自我に露わとなること。自己・自我直接経験）と結合するとき、いわゆる「悟り」（直指人心《じきしにんしん》・見性成仏《けんしょうじょうぶつ》）が成り立つ。主‐客の直接経験だけでは「悟り」にはならない。自己・自我直接経験との結合が必要である。「不立文字、直指人心、見性成仏」をモットーとする禅宗の場合は両者がはじめから結びついているわけである。一意的言語による自己認識・支配が消滅するのである。「不立文字」は、「悟り」への道における重要な経験の存在を示している。しかし、それは簡単なことではない。それについて私は、本書第一章に書いた「単なる自我」の知性の分析が、自我の営みへの「省察」として役立つであろうと思い、またそれを願っているのである。つまりそれが、「なぜ公案なのか」を明らかにする一助となることを願っているのである。

なお一言すれば、実は「自己の自覚」だけでも「宗教」は成立する。キリスト教と浄土教にその例が多い。しかしそれでは、自己の「自覚」が不完全にとどまるだろうと思うのである。以上を要するに、回心とは、「単なる自我」が知性と行為の両面において、自分と他者とを支配することを止めて、主体の座を「自己」に明け渡し、自我が「自己・自我」の自我となることである。それは「知る」と「行う」の両面にわたって、日常的言語の枠を破り、「統合性」に目覚めることである。

ただし仏教的な「覚」は、「自分はいかにして成り立っているか」を明らかにする「己事究明《こじきゅうめい》」に集中して、歴史・社会とは何かという問いは前面に現れない点で、以下に述べるキリスト教の道とは異なる。とはいっても、仏教は本書のいう「統合」に無縁だとは思えない。終章に述べるように、仏教の自覚は「個」の自覚ではなく、「極」の自覚だと思われるからである。こう言い換えてもよい。仏教は一般の知的情報を超えて、「自分とは何か」という面に集中し（己事究明）、キリスト教は一般の実践的情報を超えて「いかに行為すべきか」という面を掘り下げる（「神の民」の自覚）。ともに現実の「極のまとまりとしての統合」への方向性を見据えているのである。ただし、キリスト教的律法主義批判は言語批判にまで徹底されていない憾みがある。

　さて、第二は伝統的なキリスト教の道である。一、「いかに行為すべきか」という意味での正しい一意的情報（いわば行為の完全なマニュアル）を求め、それを実践・実現しようと努力していた「単なる自我」が、情報の獲得と実践の両面にわたる不可能性を痛感し、つまり自我の限界に行き当たって、主体の座を降りることである。むろん、ただ降りただけでは単に自分の倫理性に絶望したに過ぎない。そこにはやはり他の積極面が現れなくてはならない。すなわち――伝統的には――、キリスト宣教（中心はイエス・キリストによる贖罪《しょくざい》）に接して、倫理的完全を求める努力から手を放し、「キリストによる救い」に身をゆだねる決心（決断）がなされるのである。この決断にいたるまで、「単なる自我」は倫理性の完成に自分の存在根拠を見ているので、完全なマニュアルの獲得とその実践に絶望しても、さらにキリスト宣教に接しても、倫理的努力を放棄したらどこまで堕ちるか判らないという不安に襲われて、なかなか「信仰の決断」を実行する決心にいたらないものだ。しかし、どのみち倫理的完全性は不可能だとわかって、イエス・キリストにある贖罪を仰ぐのである。

　するとここで「主体の交替」が起こる。その内容は本書第二章に述べた。すなわち「単なる自我」が絶命して、統合心からはたらく「自己・自我の自我」として甦る。それは「私は律法を守ろうという努力を通じて、律法に死んだ。〔するとキリストが私のなかに現れた〕。もはや生きているのは私〔単なる自我〕ではない。私は死んで、キリスト〔統合心〕が私のなかで生きている」（『ガラテヤ書』一章14―16節、二章19―20節前半参照）と語られる経験である。これは、現れた「内なるキリスト」が「私」となることだから、本書はこれを「自己」というのである。とはいっても自己と自我の区別は消滅せず存在するので、それは「私がなお『肉』として生きているのは……御子《みこ》を信じる信仰による」（『ガラテヤ書』二章20節後半）といわれている通りである。

肉として生きている私とは「自我」のこと、ただしもはや「単なる自我」ではなく、「自己・自我の自我」である。その自我は、内に現れた「自己」の表現となって具体的行為にいたる。パウロの場合、その伝道は、ほかならぬパウロの行為ではあっても、「キリストが私〔自我〕を通して遂行したこと」といわれるのである（『ローマ書』一五章18節後半参照）。「キリスト」がパウロの主体となり、パウロ（の自我）はその表現となる。

さて、「キリストにある」生が成り立ったとき、以下のことが明らかになる。倫理的言語（新約聖書では律法）は、いかに精緻でも現実の全面を覆うことは不可能で、時間的制約と一面的妥当性を免れないこと（これはいうまでもなく、一意的言語の限界である）、さらに「内なるキリスト」のはたらきを知らないまま、言語に直接規定された生き方は、行為の相手を無視して行為の遂行自体に関心を抱く倒錯になる。しかも、実践してみれば明らかになることだが、倫理的完全性は到達不可能である。そのような行為は「理想と現実」の乖離という人格の分裂をもたらす。「崇高な理想を求める自分」を誇りながら、他方では絶望にいたるのである。

それはパウロが「文字は人を殺し、霊は人を生かす」（『Ⅱコリント書』三章6節）と言い、「単なる自我」の律法的完全を求める努力は罪の支配を招く（『ローマ書』七章）、と語った通りである。つまりこの場合、パウロに典型的に見られるような矛盾が生じるのである。ここで求道者は初めて自力を放棄し、罪なきイエスの刑死にもとづく贖罪を仰ぎ、「単なる自我」の絶命と自己の顕現とを経験する。ただし、伝統的贖罪論には問題がある。贖罪論（正確には法的贖罪論）は、「律法違反」（一般化すれば倫理を侵犯する行為）が罪であることを前提とする（『ローマ書』三章、特に23－26節）。しかしパウロは、上記のように（特に『ローマ書』七章参照）、律法主義自体が罪だと語るのである（『ローマ書』一〇章1－4節。一四章23節後半等を参照）。律法を完全に守って神と人とに義と認められ、また自分自身を義と認めようとする努力は――これは単なる自我の努力である――、みずからへの誇りと他者への蔑視、敵意、誤解を生み、いつか知らぬまに他者への関心を失って自我中心的となり、このエゴイズムがさまざまな悪念を引き寄せる（『ローマ書』七章7－10節）。

イエスがこのような「律法主義的完全」への努力を不当と見なしていたことは明らかである（たとえば、『マタイ福音書』六章1－6節。『ルカ福音書』一八章9－14節前半参照）。では贖罪論とは何か、どうして成立したのか。私見によれば、おそらくイエスの理不尽な死に接してその意味を了解しかねた弟子たちが、その苦難と死、つまり「罪なき義人の死」を多くの人のための贖罪と解したのである。当時、こういう考え方があった。『第四マカベア書』（旧約偽典の一つ、一世紀前半に成立）一七章21－22節には、神のために罪なくして苦難を受けて死んだ人には贖罪の力がある、と記されている（同書六章29節も同様）。

　さて、キリスト教の歴史上、贖罪論が多くの人を回心に導いて救ったことは事実である。いずれにせよ贖罪論は、エルサレム原始教団に由来し（『Ｉコリント書』一五章3節、『ローマ書』三章24節等参照）、パウロはまずはこれを受容し伝えながらも、律法主義自身に問題性を見るにいたったと思われる。他方、新約聖書には、法的贖罪論を語らない神学がある。『ピリピ人への手紙』一二章6－11節に見られるような、ヘレニズム原始教団に始まって『ヨハネによる福音書』につながる神学は、もともと律法主義をもたず、律法自体をこの世に属する要素とみなしている（『ヨハネ福音書』六章、特に48─49節、また一〇章7－8節参照）。中心は罪の支配からの解放にある（同書、一章29節）。したがって、ここには贖罪論がない。ということは──法的贖罪論を中心とする伝統的キリスト教は無視しているが──、パウロには二つの相容れない神学が並存していることになり、これがパウロ解釈を困難にしているのだが、ここではこれ以上は触れない。このような次第だから、伝統的「贖罪論」に馴染めない人には、別の道があると言いたい。それは倫理的完全を求める努力、そもそも自我の自力で自分のあるべき姿を認識し、実現しようという努力（内なるキリストに触れていないこと）が間違っているのだから、これを放棄して、「あなたがたのなかではたらいて、はたらきと意欲とを成り立たせる神」（『ピリピ書』二章13節）を信じる道である。

　さて、このように自我に対して「自己」（統合作用）が直接に現前する経験を、本書では「自己・自我直接経験」と呼ぶが、大切な事柄なので既述のことをあえて繰り返しながら、さらに若干のコメントを加える。

4・4　直接経験への道

回心への第一の道は、己事究明を求める仏教の道であったの対して、キリスト教の道では、自我が倫理的努力の限界に突き当たり、「単なる自我」の努力を放棄して「キリスト信仰」にいたり、そこで現れる「内なるキリスト」（世界と人間にかかわる普遍的現実である統合作用）の自覚的表現となるのである。

本書は両方を視野に収めて考察するのだが、キリスト者のために書かれた本書（私はそのつもりである）の構成からすれば、第二の道から――瞑想と自覚によって――、第一の「己事究明」の理解にいたるのが順当だと思う。

客観的・一意的言語では語れない「統合心」が一意的言語一般の一面性に気づかせ、さらに言語世界を現実と見誤る誤謬に気づかせうるからだ。しかし説明としては、「何であるかを語る情報」を絶対化することの克服から、「何をすべきか」を示す情報の絶対化の克服へといたるほうがわかりやすいとも思うので、以下では前者（仏教的な道）から説明する。したがって、言語もまずは「何であるか」情報文の観点から扱われる。一意的な「何であるか情報」の問題性は、本書第一章の主題であった。

4・5　直接経験ということ

さて、本書のはじめにあるように、「それはどうなっているのか」また「ではどうしたらよいのか」という問いへの答え（主として言語による一意的な答え）が「情報」である。人間は、特に現代人は、通常まずは正しい情報を求める。それに対して宗教は——宗教というとき、私はキリスト教と仏教とを考えている——、文字（一意的情報）では語れない消息があることを証言し、また伝えようとする。ところで、仏教的な「真実の探求」には特有の困難がある。それは、知識（情報）に還元できない宗教的真実を求めるという、日常生活の経験にはなんとも馴染みのない「探求」だからである。また、せっかく真実を求めて語っても、もともと眼には見えず語ることもできない宗教的真実が、聞き手によって、その表現・伝達手段である言葉やイメージと混同される危険も存在する。しかし、「一意的言語情報が語る現実と、（宗教が伝える）ありのままの現実とは違う」ということが直覚的に明らかになることがある。直接経験（主－客直接経験）である。それは言語批判として宗教的な「覚」のはじめであり、一部でもあり、また中心にもいたらしめる。ごく簡単に説明しよう。

説明は本書（第一章）で、すでにさまざまな仕方でなされているが、あらためて要点を述べる。文は普通「主語＋述語」という形になっている。主語は、他からなんらかの仕方で際立たせられるまとまりで、通常名詞として扱われる。それをAとすれば、他から際立たせられるAは、「Aは非Aではない」という性質をもっている（一意性）。さて、主語の位置に置かれるものは個物がその代表だが、正義とか美などという抽象名詞や、労働という動名詞などでもありうる。

述語は通常、普遍である。たとえば、「あれは犬だ」という場合、「あれ」で指示されるのは個であり、この文は、「あれは犬と呼ばれる動物の一つだ」ということで、「犬」とは犬と呼ばれる個の集合のことと解される。さらにこの文は、「あれ」は「犬」がもっている普遍的性質を共有する動物だ、ということでもある。たとえば、「特定の目的のために人に飼われているうちに、狼から変化して、猟に使われたり、ペットとなったりする動物」云々という特性・共通性を示すことでもある。

むろん文には動詞文があり、その述語は動詞である。特にキリスト教においては、主要な文は（表現言語の）動詞文である。ところで、「Aは……する、している」というような動詞文では、述語の「……」が個的行動を包摂する普遍的行動になる。いずれにせよ、文は未知の個を既知の普遍で説明する（倫理的な命令文も、個の行動を普遍的規律のもとに置く）もので、個も普遍も一意性を特質としている。これを本書の用語で言い換えれば、文は一般に「個を統一」に包摂するもの（個を記述する文もある）であって、――ほとんど気づかれていないが――「統合」性は視野に入らず、落ちて（失われて）しまう。それに対して宗教言語は、もともと認識（情報）の内容を伝達するものではない。宗教言語は、相手が言葉の指示する現実そのもの、そのはたらきに実際に触れることを求めるものである。

一般に言語の一意性は、特定の時と観点からのみ、厳密に成り立つということはすでに述べた。これは論理学でよく知られた事柄である。そしてこのことは、通念が事実として通用する言語社会では忘却されているが、むろん語についても文についてもいえることだ。一意的言語（客観的知識、法則、因果関係、目的・手段関係、命令、規約、義務などを述べる情報）は、特定の時点、特定の観点下で正確に成り立つのであって、この場合、特定の時点・観点は一般に他の時点・観点を排除するものだから（そうでなければ、一意性は成り立たない）、通常情報言語は、たとえ正しくても、事柄の一部一面しか言い当てていないのである。
ゆえに、極や場や統合というような、時間性を本質とし、多面的観点からしか把握もされず、語ることもできないものは、特に通念の世界では無視・排除されてしまう。それだけではない。細分化された諸領域でも、そこにある事物は、個性ももちろん「極」性を失って、「普遍性」をもってくくられ、因果や目的や価値などによって系列化される。本質上、「統合体」をなすべきものは、一意的・直線的に系列化されることによって、「極性」も「統合性」も歪められ、破壊されるのである。

人間奴隷化や差別、身分制序列社会や目的社会（機能社会）のような系列化された組織は、人間性を破壊する。自然も資源として、たかだか人間の環境として手段化され収奪される。これらは若干の例に過ぎない。要するに一意的言語の世界が破れなければ、統合は見えてこない。逆に、直接経験において一意的言語世界の一面性が見抜かれるとき、自我（「自己・自我」の自我）は一意的言語の呪縛から解放されて、統合ということも自覚され、了解されるのである。我々の探求において直接経験が重要となる所以である。念のためコメントすれば、「主‐客直接経験」において。一意的言語世界が破れても、それで直ちに現実が何であるかが解るわけではないが、主客は元来別物ではなく、主即客である（直接経験の一から、言語世界の復活とともに主‐客として区別される）こと、「個」は実は個ではなく、一が多を含む「極」であること、「極」は場における相関の全体としての統合形成へと方向づけられていること、つまり「自己」のはたらきが見えてくるはずである一意的言語が用いられる通念的世界といっても、そこでさまざまな情報の究極的一意性が成り立っているわけではない。生活圏は、一意的言語が通用するさまざまな局面の雑居世界である。家庭があり、外に出れば街には商店があり、銀行があり、学校があり、病院があり、会社があり、団体があり、交通機関があり……、我々がそこで日常生活を送れるのは、それぞれの局面ではそれぞれに特有な一意的言語が通用するから、換言すればそれぞれの局面で、そこにかかわる人には特有のプログラムが共有されているからである。一般に、一意的言語は狭い局面で成り立つものだ。したがってそこで用いられる言語、ということは我々が日常使っている言語は、それぞれの局面で必要なコミュニケーションの手段であり、そのどれもが、この世界に住む人間生活の一部一面にしかかかわっていない。日常生活において自我が必要とする情報とはこういうものである。

また、学問の世界において用いられる言語も、細分化された専門分野で通用するコミュニケーションの手段である。ところが宗教的真実を求めるというとき、その真実とは自我のいわば奥にあり、人間の全面・全体にかかわるもののことだ。それを我々は、まず「自己」に現れる統合形成作用として捉えてきた。

世界には統合力がはたらいていて、それは個々の人のなかでは統合心として現れることはすでに繰り返し述べた。さて、多面的・多極的な統合性は、事柄の一部一面しか表現しない一意的言語に盛り切れないものだ。とすれば、一意的な言語世界が失効したときに、統合性が見えてくるだけではなく、反対に統合作用の自覚が、言語化された通念世界の失効を招くことが期待される。逆にいえば、一意的言語の失効は、統合性が実感されたときに実際に起こることである。とすれば、言語にかかわる「省察」によって、一意的言語の限界を知り、統合という現実があることを知り、ある程度実感もできれば、主‐客直接経験に接近することができるはずだ。むしろ、直接経験そのものがなくても、日常言語の限界を弁えれば、直接経験と同等の知見にいたりうると思うのである。いずれにせよ、本書で繰り返し述べるような一意的言語の限界を知ることは、直接経験への助けになるであろう。たとえば、本書第三、四章の統合論は「自己」の内容を述べたものである。それは自己が自我に現れる、「自己‐自我直接経験」の内容でもあるわけだ。

「主‐客直接経験」と「自己‐自我直接経験」を弁えるとは、あらためていえば、以下のようなことだ。日常生活では「言語」は現実の一部一面しか表出しないのに、現実そのものの代替物になっている。言語社会では記号内容が現実にとって代わっている。その結果、現実のあり方が歪められ、分断されている。要するに言語化された現実、すなわち仮想現実が現実そのものとして通用している（本書第一章）。これは自分自身を含む記号化された世界一般についていえることだ。

それは省察によって明らかになることだが、さらにそれが単に知識としてではなく、実感的に明白になるとき、日常言語の妥当性の限界が――むしろ、それがもたらす病が――直覚的に知られる。言語社会つまり通念の世界では、言葉はいわばレッテルのように現実（世の事物、また自分自身）の表面に張りついて現実を代替しているのだが、そのレッテルが剝げ落ち消えて、統合体形成という、一意的言語には還元できない無限の奥行きと内容をもった現実そのものが顔を出すのである。

さらに、以下のような面がある。例を挙げよう。美術品は——『判断力批判』にある、美についてのカントの名言によれば——、利害や損得とは無関係なものだ。我々の用語でいえば、すぐれた芸術品は無心から生まれ、無心に語りかける。ところが、一切が商品化される現代では、価値は価格で表現され、価格に還元されてしまう。こうしてカネが価値そのものとなるだけではない。価格は元来価値の記号なのに、商品市場では価格が本質となる結果、本来とは異なって、美術品自体も価格の記号となる。これは売買一般について見られる倒錯だ。

政治の世界でも、秩序をつくり維持する権力は、本来国民の総意の記号である。しかし実際の政治では、事実上の権力行使が直ちに国民の総意の記号（表現）として振る舞い、総意の記号として通用してしまう。実効的な権力の行使が、すなわち国民の総意の遂行だということにされてしまう。このような記号と意味の逆転はよく知られているし、実は誰もが気づいているはずなのに、実際はこの倒錯が社会的現実、社会的慣行となっている。それは言語社会では記号内容が現実の内容にとって代わり、宗教においても現実の表現としてのイメージ（たとえば、「神」のイメージ）が、「神」そのものと混同されるのと同様である。以下で、それについて繰り返し述べる。

現代社会において、人は意味と機能に還元されている。人が何であるかは、名刺に示される地位と肩書き（レッテル）で尽くされてしまう。ある人がどう扱われるかは、その人が何と思われているか、何として通用しているかによって決まる。だから現役を退けば、「元……」となって、その現在は社会的無意味に等しい。人が何であるかがレッテルに尽くされないことは誰でも一応は心得ているはずなのに、「人間は社会の一歯車になってしまった」という嘆き・自嘲は、いまさら指摘するまでもなく、よく知られていることである。

さらにいえば、人はもともと誰でも統合作用（神のはたらき）の場所としての人格であるのだが、人格を機能に還元する日常的言語世界では、「統合」性は抜け落ちてしまい、「あの人は……だ」、「もとは……であった」と「社会的意味」に還元されてしまう。

そもそも言語は、コミュニケーションのための記号の体系とされるが、記号の代表格である言語において、意味と記号対象の逆転が起こっていて、通念の世界では記号（通念的意味）が現実（記号対象）に代わって、現実そのものとして通用している。

さらに実例を挙げる。交換は元来、人格間コミュニケーションの重要な形式である。物々交換の場合には――むろん不公正な交換はありうるが――、まだそれが見られる。しかし貨幣を媒介とする交換、つまり売買においては、貨幣の移動に重心が移って、人格的コミュニケーションの要素は減ってゆく。ところで現代では、貨幣の授受は、スイカを改札の所定の箇所に当てたり、銀行でＡＴＭのボタンを押したり、あるいはさらに簡略化された機器の記号操作によって行われる。ここにはもはや眼に見える貨幣の授受も、人格間のコミュニケーションもない。

元来交換は、人格間の直接のつながりの根拠でもあり、表現でもあったのでないか。にもかかわらず、重点は預金の数字にまで記号化されたカネの授受に移行して、記号操作が「人生」の内容そのものになってしまった。儲けとは預金の数字を増やすことで、人はそれに熱中する。一般に情報の交換が通信機器によって行われる結果、人格間の直接の触れ合いも現実の直接の経験も失せてゆくのである。

情報に帰れば、現代は正しさを検証することができない情報が飛び交っていて、しかもその情報が現実にとって代わっているという事実に気づけば、同時に我々は言語（記号）世界の非現実性にも気づくから、現実の直接経験に帰らなければならないことも明らかになる。むろんそれで現実の実相が直ちに明らかになるわけではないが、直接経験は、現代生活において人が通念に乗せられ流される危険への対抗手段となりうるだろう。

要するに記号とその意味が現実の代替物、むしろ現実そのものになっていることに気づいた真実への探求は、現実の直接経験へと向かうのである。実はこれが「単なる自我」の仮構を破る宗教的真実探求の道なのだ。そして宗教的真実は、いまもなお直接経験が可能な場所、すなわち（こころを含めた）身体の経験に現れる。実は身体すら現代では単なる自我の対象として、「知られ・操作される」肉体に化しているが、自我が身体の一部であることに目覚めること、この意味で身体が自分自身を直接に経験することがいかに大切であるかを、経験が記号操作に解消されている現代では、いかに強調してもし過ぎることはないだろう。

4・6　情報化時代と「単なる自我」

情報化時代は、それと気づかないうちに、人間を「単なる自我」に変えてゆくのである。現在では情報機器の急激な発達によって視覚的・聴覚的情報が一瞬のうちに伝達されるようになった。

それだけではない。人工知能（ＡＩ）が発達して人知を凌駕する。それはかつて産業革命が起こり、工業化が始まったとき、機械が筋力を凌駕したのと同様である。それがいまや情報の分野で起こっているまでのことだ。

別様に表現すれば、一般にＡＩを装備した機械は人間の「自我」にできることをはるかに有能に正確にやってのけるということだ。こうして、すでに専門の棋士を破った人工知能つきの機械はさらに発達して、複雑な日常生活においても、何がどうなっているかを知らせ、ではどう行動したらよいかを指示してくれるようになるだろう――ただし、意図的な嘘や誤りが拡散していない場合だが。

その結果はどうなるか。かつて公的な占いというものがあった。個人的なものはいまでもあって、たとえば方角占いでは、今日の行動について方角の是非を「教えて」くれる。その結果、方角占いに凝った人は、行動のいちいちについて、自分で判断することを放棄して占いに頼るようになる。人工知能の場合、占いよりはるかに正確に当の状況とそこにおいてなすべきことを指示してくれるだろう。その結果、人は創造的自由を放棄して、行動のいちいちについてＡＩの指示を求めるようになるだろう。

しかもこの場合、「指示」の妥当性の根拠は直ちには示されないのが普通である。そうなると人は実際上、なぜと問わず、自分で考えることも放棄してＡＩの指示に従うことになる。これはＡＩを製作した人間が、いつのまにかＡＩの奴隷になることではないか。そして本書は、そのような人間を、生の根源に直接触れることなく、「もっぱら外からの情報に依存する単なる自我」

た所以である。

と特徴づけてきたのである。人工知能の万能化は人間をますます「単なる自我」に変えるといっ

4・7　現代と宗教的自覚

それに対して、宗教的自覚は他人にもコンピュータにも代行してもらうことができない。いくらＡＩが発達しても、人は自身が食べることを機械に代行させることはできない。まして、ほかならぬ自分自身が、いわば身体の内部において、自分自身の本性に触れること（宗教的自覚）は、自分にしかできないことである。

しかもそれは、自分の成り立ちが明らかになるという「全人格が生かされる道」なのだ。それは他律的情報への依存から解放される道、言語化される以前の自分（統合作用が及ぶ世界のなかに置かれた身体）に直接目覚め、触れ、経験する道である。

それなのに現代社会では、ＡＩ機器に代行させることができないことは商品になり難いからやがて無視されてゆくだろう。そして、儲けること、勝つこと、娯楽にふけることと関係のない営為は、現代社会の関心事から落ちこぼれ、消滅させられるのだろう。これでは「人間性」は滅びるほかない、と憂えるのは時代おくれなのだろうか。

4・8　知の領域とＡＩ

知には大きく分けて三つある。認識と理解と自覚である。第一のものは科学を代表とする客観

的な知で、その探求に際して、さらに応用と伝達については、コンピュータが絶大な威力を発揮する。一般にこの領域は、技術とともに、ＡＩがもっとも得意とする分野である。第二のものは他者を理解するという意味での知、「我と汝」の領域での知である。ＡＩ自身には他者を理解する「こころ」、たとえば憐れみの情がないとはよくいわれることだが、学習可能なロボットに、あたかも他者を思いやるかのように行動させることは可能である。

しかし第三の「自覚」は、そもそも他者に代行させることは不可能な自分自身の事柄で、むろんＡＩに代行させることもできない。しかも人間性は、自覚によって現実化し、展開するものだ。この意味で、「自覚」にこそ機械化されない人間の人間たる所以があるということは、現代においてどれだけ強調してもし過ぎることはないのである。

第六章　瞑想・信・統合

1　瞑想の過程

1・1　信

瞑想は、単にこころの事柄ではなく、身心のことである。坐禅が体調や姿勢や呼吸を重視する所以である。ということは、瞑想はまずは命令されたり、義務として行じたりするものではないということだ。また身心のことといっても、丈夫になろう、何か得をしよう、他人に勝ろう、などという気持ちからなされる事柄ではない。瞑想は利得の念を離れて、静かに、かつ自然に、次第に深く、行われるものである。

前章で、瞑想にはまず「信」が必要だといった。道元は「身をも心をもはなちわすれて、仏のいへになげいれて、仏のかたよりおこなはれて」というが、これは「仏のかたよりおこなはれる」ということが実際にあることを「信じ」て、仏の家、あるいは仏の海に身投げすることである。

キリスト教の場合もまったく同様である。さて、信とは既述のように、「あなたがたのなかではたらいて意欲とはたらきとを成り立たせる神」（『ピリピ書』二章13節）への信である。それは、「神のはたらき」（と呼ばれるもの）があることへの信である。自然な疑いを沈黙させる努力ではなく、成就すべきものを成就させることである。「神」とはいかなる意味かについては本章の最後で述べるが、そのはたらきの成就に自覚的に参与するという意味での「信」は一生終わることはない。

「神」が「意欲とはたらきとを成り立たせる」とは、自分のなかに「統合心」が現れて自我をはたらかせることだと受け取っていただきたい。その自覚にいたらしめる決定的な一歩は、「単なる自我」の自力を一切放棄する「信」だというのが要点である。だとすると本章でいう瞑想とは、自覚された統合心を深める瞑想のことである。

1・2　信と統合作用

「信」とは、統合作用に身とこころのすべてをゆだねることである。何か眼に見える目標を設定してその実現に努力することではない。それとはまったく反対のことだ。信とは自力を放棄する「身投げ」である。

さて、「統合作用」は客観界と人間主体に及ぶ事実だといった。事実としてあるというのは、まずは先人の証言である。それを信じる当人は、それがまだわからないまま、信において「単なる自我」の自力を棄て、作為を棄て、我執・我欲・我意を放棄して、「統合作用」に身とこころとをゆだねることができる。もっとも瞑想をしているうちに信が芽生え、成長してくるという面もあるわけである。

では「信」じれば、「統合心」が直ちにそれと自覚される仕方で現れるのかといえば、そうとは限らない。ここに大きな問題点があることを隠しておくわけにはいかない。

前項で述べたように、神への信がもたらすのは通常――まずは――自分に対向する「〈神〉に包まれている」という信仰的実感である。これは比喩的にいえば、眼を閉じて太陽に面した人が太陽の光に「包まれている」と感じるようなことである。「神関係」はしかし、これで終わりではない。あえていえば、「対向する神」という捉え方には、「対向する自我」が滅びずに残っているかもしれないのだ。これでは「私は〈私自身によって〉私であり、その私が神という人格的存在に対向している」ことかもしれないから、自力の「私」が滅びているとは限らない。

実際、かつて「パリサイ主義的神信仰」によって律法遵守の行《ぎょう》に専念していたパウロは、まずは自分たちに対向する「命令者である神」を信じて、命令（律法）を守ろうと努力したのであった。そしてやがて、それでは「単なる自我」の自力が滅びていなかったことに気づくのである。それはパウロが「キリスト者」となって初めて解ったことであった。そこでパウロは、「私は律法を守ろうという努力を通じて、律法に死んだ。……私は死んで、キリスト〔人のなかではたらく神〕が私のなかで生きている」（『ガラテヤ書』二章19‐20節）と言い表すことになる。「律法を与えた神」を信じて律法行に励んでいたパウロには――このとき彼は「私は神のなかに」とはいえたのかもしれない――、まだ「滅びるべき私」（自力行）が残っていたということである。

それに対してキリスト者パウロは、「神が私のなかではたらいている」と語るのである。ここに「私は神のなかに」から、「神が私のなかに」への歩みがある。実は「私は神のなかに」と「神は私のなかに」の両方が揃って両者ともに本当になる。「私のなかではたらく神」とは、むろん超越的な神ご自身のことではなく、「神の子」つまり「内なるキリスト」のことである。「神」と「神の子」との関係は、比喩的にいえば既述のように、太陽自身と網膜上の太陽の像のようなものだ。そして、「私のなかでの神のはたらき」、つまり「私のなかで生きるキリスト」が「統合心」〈キリストのからだとしての〈教会〉形成力〉として自覚されるのである。

1・3　統合作用と神

まぎらわしい、込み入った事情があるので、さらにコメントを加えておく。「統合作用」と「神」との区別と関係が重要である。まず身体／人格に及び、自覚にものぼる統合「作用」は、「私のなかではたらく神」（＝わが内なるキリスト）の「はたらきの内容」であって、「超越的で全世界に及ぶ神」そのもののことではない。といっても、まず神があって、それと知られ、その神が「わが内」ではたらくというのではない。そうではなくて、統合心が「内なる神」のはたらきによると知られることが重要なのである。

宗教言語においては、「何に神のはたらきが見られ、何が神と呼ばれるか」が大切であることはすでに述べた。「神そのもの」はここから知られるのである。さて、「こころ」ははたらきの場であるが、ここで「場としてのこころ自身」と、その「はたらき、内容」とが区別される。したがって、統合心に「人に宿る神のはたらき」が見られる場合、統合心は「神のはたらき」と「こころのはたらき」との一、すなわち「神と人の作用的一」である。ここからして、信徒のからだは神の宮であり（『Iコリント書』三章16節）、聖霊の宮であり（同書六章19節）、「キリスト」がはたらく場所（『ローマ書』一五章18節。原文では〈キリストが私を通して〉はたらく）といわれる。

さらにいえば、しばしば言及したように、世界に統合作用が見られるとき、その統合作用は、キリストと類比的にロゴスと呼ばれるが、ロゴスは世界と神との作用的一のことである。さて、「神」を、場所論的観点から究極の場（創造的空）とし、「ロゴス・キリスト」を統合作用とすれば、その作用をそれぞれの「場所」において実現するはたらきのことを新約聖書は「聖霊」と呼んだ。したがって、「はたらきの場」（世界にせよ身体にせよ）は、伝統的な用語を使えば、それぞれが「聖霊に満たされた場所」であり、「神」を信じるとは、内容上「三位一体の神」への信だということになる。

本題に帰って瞑想を問題としよう。統合心の底に、こころの内容が消える「無心」がある。「単なる自我」はここで本当に滅びる。だから瞑想においていきなり無心にいたってもよいのだが、中間にはさまざまな風景がある。以下でそれを述べよう。したがって、以下で瞑想とは「統合心」の自覚に始まるその純化・深化のことである。

1・4　統合心の諸面

瞑想に先立つものは、まず超越的・内在的な神を信じて、ということは同時に世界・社会・歴史・自分自身にかかわるすべての知識、想念、意欲、期待、善意、悪意、配慮と作為の一切を棄てて、統合作用に身をゆだねることだといった。実際、「信」じて瞑想し、生活しているうちに、「統合作用」が我が身の事柄として次第に深く自覚されてくるのである（神が私のなかではたらく）。

ただし本書には、その経験的な過程についての叙述はない。それには本書の枠を越えた詳論が必要だからである。本書の意味での瞑想（自身を神のはたらきにゆだねる信のなかでなされる瞑想）は、「統合作用が我が身の事柄として自覚された」ところから始まり深まってゆく。「深まってゆく」というのは、この場合の瞑想とは、こころの奥底をいわば掘り起こして進んでゆく意識の集中だからである。意識の集中によって「奥」に秘められていたものが姿を現してくる。「統合心」には、「きよらかな、やさしいこころ、平和への願い、自分の不利になっても真実を求め語る誠実さ」が諸面として含まれている。さらに、「無意味に耐える強さ」があるが、これは「統合心」を超えるところがあり、「創造的空」に触れたとき、意味・無意味の価値づけが超えられることによって生起する（後述）。なおコメントとして、以上の諸面は「山上の垂訓」の冒頭にある祝福の辞（『マタイ福音書』五章3－10節）と一致することを挙げておく。そこにおいて「幸いだ」とされているのは、まずは「こころの貧しい者」（3節）であり、その意味には諸説あるが、私はこれを結局「無心」のことと解している。「柔和な者、憐れみ深い者」（5、7節）は「やさしいこころ」と一致し、「こころの清い者」（8節）は「きよらかなこころ」と、「平和ならしめる者」（9節）は「平和への願い」と一致する。「義に飢え渇く者」（6節）は――義とはもともと正しいことの意だから――、「真実を求める」ことに対応し、「義のゆえに迫害される者」（10節）は――この「迫害」は『マタイによる福音書』が書かれた当時のユダヤ教徒との対立を暗示しているが――、「自分の不利になっても真実を求める」ことに対応する。なお11、12節は「無意味に耐える」根拠を示していよう。

以上に挙げた祝福の言葉は、『ルカによる福音書』の対応箇所（六章20―26節）と一致していないし、「神を見る」（『マタイ福音書』五章8節）もユダヤ教‐キリスト教の伝統では異例だから、実際にイエスがこのままの形で語ったとは断言できない。しかし私は、以上の言葉には少なくとも原始教団が見たイエスの姿が反映していると解している。彼らには、イエスこそ祝福される人間の典型だったのだ。

なお、これら統合心の諸面について多少の解説を加えておくと、「きよらかなこころ」は、統合の「極」としての自分自身のあり方にかかわる。「やさしいこころ」は、隣人を思いやり、その苦しみを自分の苦しみと感じ、自分にできる仕方で隣人を助け支えるものである。換言すれば、「極同士」の関係にかかわる。「我と汝」関係のことといってもよい。「平和への願い」は統合体全体の正常なあり方を実現しようとする願いであって、社会‐全人類にかかわる。「真実を求め語る」誠実さは、統合体はコミュニケーションシステムであり、言葉はコミュニケーションの重要な手段だから、嘘であれ誤謬であれ、真実に反することを語れば統合体は成り立たないから、統合体全体の形成と維持に不可欠である。「真実を求める」こころは「自己」に由来する事柄だが、実際生活で真実を語るのは自我（「自己・自我」の自我）である。したがってここでは「自己・自我」が行動することになるのだが、この点は後述する。いずれにせよ真実を求め語る誠実さは、自分自身の事柄であり、隣人との関係におけることであり、さらに統合体全体にかかわることでもある。

これらの「こころ」は自我が努力して自力でつくり出すものではなく、統合心から生まれてくるもの、つまり与えられて現実化するもの、したがって自我からいえば、現れ発見されるものであって。自我が生み出すものではない。

1・5 信において滅びるもの

信において統合心（なかんずく、「きよらかなこころ」）が成り立ったとき、何が放棄されるかといえば、既述のように、信において滅びるのは――直ちにとはいえないが、次第に滅びてゆくのは――、まずは「単なる自我」であり、その雑念と作為、作為が生み出す意図や悪意のことである。さらに詳しくいえば、まずは不安、虚無感、死をもって終わる生への絶望、世界と人間への敵意であり、我執・我欲・我意である。それは単なる自我につきものの、自分（たち）の将来への配慮、むしろ「思い煩い」（煩悩）である。さらに他者への悪意、害意、嫉妬であり、自分のための強欲であり、社会生活にかかわる空しさ、無関心、虚言、誇大広告、脅迫、扇動、その他もろもろの悪念である。また善意にしても、単なる自我がつくり出す「善意」では、必ずしも

「きよらか」ではない。

要するにこれらは、自我が自我自身を動かし駆り立てる悪意と作為の情熱、反面としての他者への無関心から生じるものである。これは、自我がいわば身体から別れて浮き上がる状態でもある。たとえば、義務を――いやいやながら――遂行するときがそうだ。自我が自我を強制し駆り立てうるのは、たしかに自我の大切な能力ではある。しかし、このような自由を欠いたあり方が常態となり固定化されると、全体が狂ってくる。これらからあらゆる悪と悲惨とが生じることは第一章で述べた。だから「単なる自我」の消滅が大事だというのである。

1・6　「自我と身体」について

「神」への信は一切の受容であり、そのとき平和・平安が訪れるのだが、それは身体から遊離して暴走していた自我が身体に復帰することを意味する。身体から遊離したまま、他者と自分とを支配しようとしていた「単なる自我」の消滅と身体への復帰は、まずはこころの「静寂」をもたらす。こころの波風、「ああではなくてこうだ。ああなってはいけない、こうでなくては」と争い騒ぎ立てるもろもろの気持ちが鎮まるのである。宗教が静寂を求め、重視する所以である。波風の収まったこころでは、すべてが消えて、こころは「無心」になる。他方、前述のように、身体の行為――統合の場に置かれた身体の行為――の内容は統合作用だが、これは単なる自我の「人為」ではなく、身体の「自然」である。身体の行為は、いわゆる自然界の出来事と同様に、実は「おのずから」の自然である。信は「静かに自然に」訪れるといった所以である。

以上のようなわけで瞑想とは、私の理解では、まずは身投げをして信じた「神」への信に伴って次第に成り立ってくる行為、静かに自然に我が身を統合作用にゆだね、深めることである。それは単なる自我の行為ではなく、すでに自己つまり身体／人格の行為であり、統合作用の場に置かれた身体／人格の自然でもある。以上で略述したように、瞑想においてこころの「奥底」への集中がなされ、「奥底」が現れてくる。その次第を――経験上、私にわかる範囲でだが――、あらためて以下に述べる。

2　瞑想の深まり

2・1　「きよらか」なこころから出発する瞑想

さて統合心の一面は、「きよらかさ」だといった。ところで、「きよらか」とはいかなることか。水や空気について「きよらか」であるとは、底まで見えるほど無色透明、つまり水なら水以外のものを一切含んでいない水のことである。一般に「きよらかさ」には、形や大きさの限定はなく、温度はどちらかといえば「冷たい」。こころについても同様で、上記のような信がもたらす状態、こころの自覚を妨害する雑念も悪意も作為もない。雑物がないからこころの底まで見透せるような、透明で落ち着いた冷静な状態のことである。

ところで瞑想については、環境も問題になる。というのは、「きよらかさ」が現前するのは、騒がしい人の群れから離れたところで、できれば荒らされていない自然に接しているときだろう。瞑想の環境も「きよらか」であることが望ましい。それはできるだけ「人為」によって変えられていない、つまり娯楽や利得の念や喧騒と無関係な、静かな場所のことである。そこで本人は、群れのなかにいて指示されたり、命令されたり、強要されたり、怒ったり、騒いだり、何かに夢中になったりして、興奮し熱くなっていない状態にある。それは独りでいて冷静であること、無理がなく自然であることだ。そこで、「きよらかなこころ」は静寂に導く。

2・1・1　静寂

「きよらかなこころ」から出発する瞑想がある。これはただ呆然と「瞑想」している状態、「単なる自我」が一時的に活動を停止している状態ではなく、意識の集中のなかで「こころ」の底が――それを見ようとするのではなく、むしろ自然に――見えてくるような瞑想である。「きよらかなこころ」の底には――それが「見えて」くるまでには時間がかかるとしても――、右に述べたような、こころの波風が収まった静寂があるものだ。

2・1・2　無心、「空」と「無」

静寂の底には、それはもともと「きよらかさ」の一面なのだが、「無心」がある。無心とは仏教語だが、はなはだ適切なので、ここで使わせていただく。無心とは、まずは意識のなかに何もないことだが、何もないといっても、なお見極める必要がある。無心は想念、情念など「煩悩の火」が消え、こころの波風が収まった静寂だが、そこには現実を認識し、支配しようとするについて自我が用いる「言葉」（自我の作為が仮構する言語世界）

の消滅と直接経験（主－客直接経験、自己－自我直接経験）の現前とがある。直接経験は日常生活のなかでも失われないものだが、瞑想の無心のなかでもっとも現前しやすいものだ。

さて「こころ」は、自分自身に露わとなる限りでは、知・情・意つまり記述言語、表現言語、動能言語の世界である、世界と自分の身体とにかかわるもろもろの知識や感覚・感情や意欲を内に抱き、それらを可能な限り秩序づけ、それを見て制御する作用である。といっても、もろもろの心的現実が人間の身体のように緊密に「統合」されるわけではない。我々はまず、自分を中心として時間的・空間的な展望をつくり、経験を区分して秩序づける。それは幾何学的に体系化するのではなく、諸部分に区分けして相関図をつくるまでである。実際上、そのような構造化は部分的であり、大部分は雑多な表象とカオスとして残る。そして私は、いま・ここでの行為の選択の場面では、それらの蓄積から必要なものを取り出して、選択の役に立てる。

ところで無心においては、これらのすべてが意識の野からは消えている。感覚もいま・ここでの感覚自体ではなく、反省され言語化された感覚としては消滅する。二度と再現されない仕方で消滅するのではないが、とにかく意識の野からは消滅する。さて、こころが「場」であるとは、いわば「容れものである場」のなかに「内容」があって、しかるべく布置されることだが、無心において、それらの「内容」が消滅するとき、こころはいわば空っぽ、つまり「空」になる。残っているのは、内容のない「場そのもの」としてのこころである。つまりそれは「空」と「無」に区別される。「空」は場そのもののことであり、「無」は場の内容が無いことである。ここで「場」そのものが、いわば見えてくる。見えてくるとき、「こころ」という「場」そのものは、ただの「容れもの」ではない。それは統合作用を生み出す「創造的空」だということだ。「創造的」空というのは、こころの諸活動は、この「空の場」のなかでなされているからである。なお、創造の一面は、古いものが消滅して新しいものが成り立つことだ、ということを注意しておきたい。

ここで重要なことは、統合心に「われわれの内に宿る神のはたらき」が見られることだ。他方、外の世界にも事実として統合作用が見られる（ロゴス）。そして統合「作用」が及ぶ「場」のなかには、統合されていないすべても含まれる。その場合、「神」とは両者を含む場そのものということになる。それは、全現実を包みつつ超える場そのもの、つまり「創造的空」である。そして我々は、その統合作用に自覚的に参与することになる。そして「場」としての、こころと世界という二つの創造的空には類比的な関係がある。

2・1・3　創造的空

「創造的空」としてのこころは、「時間、空間、物質界、生命界、人間界、つまり存在と非存在のすべてを容れ、そのなかで統合体が形成される。究極の場としての創造的空（神）」を暗示している、我々は神そのものを見ること、経験することはできない。ただ「場」としてのこころが創造的空であるとき、一切の存在と非存在とを容れる究極の超越的な場としての創造的空が「神」と呼ばれたことが「見えて」くる。それは究極的な場そのもの（神）である創造的空と、こころという創造的空とが類比的だからだ。

物質としてのからだは客観的統合作用のもとにあり、こころには統合心が現れる。両者は同じ場のはたらきが現実化する「場所」である。「神」（創造的空）の実在に客観的な証明はないが、ある種の「直覚」があるとはいえる。それは、創造的空としてのこころの（こころは実体ではなく、身体の一機能である）「創造性」は、究極の創造的空としての神の「創造性」と、存在論的には無限の違いがあるが、作用的には一だという直覚である。それを支えるのが、「身・心」が統合作用のもとにあるという、自覚される事実である。

換言すれば、統合作用とカオスとの両者を容れる究極的超越と、統合作用と散乱（死）とに関与する「人間のこころ」との類比からして、「神」が創造的空であることが、いや、実は新約聖書はそれを神と呼んだことが納得されるのである。

問題は神の存在の証明ではない。むしろ、新約聖書（パウロ、ヨハネ、特にイエス）が何を「神」と名づけたか、現代の状況では、まずはそれを理解することが肝要なのである。「統合作用」に客観面と主観面とがあることはすでに述べた。超越的な創造的空のなかに統合作用があり、創造的空としての人間のこころにも統合心が成り立つ。後者が前者を宿すことが見えてくるとき、我々は、ロゴスまたキリストと呼ばれた「世界と人間とにおける統合作用」が超越的な「神」のはたらきとされたことも了解されるのである。繰り返すが、この了解は客観的認識ではない。「覚」をも超えている。これは、知にもとづいた「信」であり、そのはたらきに身をゆだねるという意味でも、「信」の内容である。なお、創造的空が意味・無意味を超えることについては、こころの平和と関係するところが大きいので、次項で問題にする

2・1・4　仏教との関係

あらためて付記すべきことがある。それは「きよらかなこころ」

は、まず第一に自分自身の事柄であるということだ。実はそれは他者や社会に対する「こころ」でもあり、下記の「平和、平安」や「真実の希求」も「きよらかなこころ」を伴っている。統合心の全体が「きよらかなこころ」である。しかしそれ自身をとれば、まずは自分が自分である視点からして、こころが「きよらか」なのである。換言すれば、私はこういうものである、こうでなければならないと思い込んで、それを自分と他人とに押しつける勝手さが消滅することである。悪意も作為もなく、静かで無心だということである。

さて、仏教の中心は「己事究明《こじきゅうめい》」であって、社会の形成ではない。これは仏教の個性、特色であって、よし悪しの問題ではない。ということは、「きよらかなこころ」から出発する瞑想には、仏教との一致点が多いということにほかならない。きよらかなこころ↓静寂↓無心という深まりで露わとなる「無心」は、仏教的な涅槃《ねはん》・寂静《じゃくじょう》に通じるし、さらに既述の「直接経験」が加わって「創造的空」が見られるとき、ここからして「空」（ないし無）を説く仏教理解の道が開けるのである。私は、キリスト者が仏教の理解を試みるとき、まずはこの道を通ることが望ましいと思っている。

2・2　平和への願いから出発する瞑想

統合心の一面である「平和への願い」から出発する道もある（この願いは「やさしいこころ」と結びつく――後述）。一切をゆだねる信において――それがうまくいけばだが――、すべての葛藤が消滅する。これは――仏教語では――「身をも心をもはなちわすれて、仏のいへになげいれ」

た場合に起こることである。ただ、「平和」というとき、それは自分だけのことではなく、世界全体にかかわることである。「平和」が自分自身にかかわるとき、それはこころの平和、つまり「平安」だが、平和への願いは同時に世界平和への願いでもある。

2・2・1　無心、赦しと懺悔

平和への願いの「奥」には、赦しと無条件の受容が含まれている。いったい他者への要求には、その要求がいかに正当であろうとも、どこかエゴイズム的な主張が含まれているものだ。それに対して「平和」、「平安」には、消極面として、他者への要求の断念というより「消滅」が含まれている。それが無条件の「赦し・受容」である。

どうしても赦せない人、赦したくない人、赦せない行為があるだろう。赦そうとすれば、ここに葛藤もあるだろう。しかし、「平和への願い」の奥には、「無条件の赦しと受容」がある。それは、その底にある「無心」を露わにする。ただし、「きよらかなこころ」の底にある無心の場合は、まずは自分自身への要求が消滅した無心であるのに対して、無条件の赦しの底にある無心とは、他者への要請・要求が消滅するという意味での無心である。

ところで、「赦し」の他面には「懺悔」がある。私が受けた非行があり、他方には私がなした非行がある。平和は、自分の非行を正当化している間は、やってこないものだ。しかし、赦しの他面は自分の罪がわかり、それを認める懺悔なので、「主の祈り」に「我らに罪を犯す者を我らが赦すごとく、我らの罪をも赦したまえ」とある通りである。「赦し」について、伝統的キリスト教には贖罪論があり、カトリック教会にはさらに「告解」がある。これらは神と人との関係を法的（司法的）に理解することに由来するものだが、神と人とに――旧約聖書的な法的・契約的関係以前の――根源的・直接的結合を見るイエスは、悔いるものすべてへの端的な赦しを語る。むしろ、はじめに赦し・受容がある、それは「放蕩息子のたとえ」（『ルカ福音書』一五章）に見られる通りで、だからイエスは、無条件に「赦し合う」ことを求めるのである（『マタイ福音書』一八章21－22、23－33節）。

2・2・2　ふたたび創造的空について

そして、この意味での無心の底にはやはり「創造的空」がある。それは「場としてのこころ」そのものであり、上述のように、一切を容れる超越的な創造的空に通じる。それは無条件の赦し・受容の最終的根拠である。

イエスは、「神は正しい者にも不正な者にも、善人にも悪人にも、等しく太陽を昇らせ雨を降らせる」（『マタイ福音書』五章45節）と語り、無条件の赦し・受容を説いた。創造的空が意味する赦しと受容は、単に他者にかかわることではなく、自分自身にもかかわる。人間は自分にはひどく甘いものだが、自分自身が赦せない、受容できないこともある。しかし、創造的空に触れて、自分がすでにここで・ここから成り立っていること、自分で「理想の」自分をつくることはありえないことが知られるとき、自分が自分にとって赦せるもの・受容できるものとなる。とはいえ、他者と自分との受容は、「忍耐」であり、「寛容」をも含むだろう。終わりのない忍耐と寛容は、なお希望と絶望との中間項だといえようか。それは、希望しては絶望に陥る私たちの自我と、希望も絶望も超える「無心」との間にあって両者をつなぐものだが、結局は「無心」が腰を落ち着けるべき居場所である。

ところで以上は、「単なる自我」の努力でできることではない。こころが「平和への願い→無心」という道を辿り、さらに「創造的空」（「場としての自分のこころそのもの」と超越的な「神」という、二重の意味でのそれ）へという道が辿られたときに成り立つことである。

2・2・3　無意味の克服　二重の意味での「創造的空」は同時に意味と無意味、生と死の葛藤が超えられる場である。自分の存在と生涯に果たして意味があったかどうかということは、青年期に自分の将来がおぼろげに姿を現すときに始まり、中年から老年になって自分の全体が見えてくるにしたがって、誰をも悩ます問題である。

自分は何をしたのか、しなかったのか、それがまわりの人々にどのよう評価されるのか、そもそも自分自身によっていかに評価されるのか、それは辛い悩みであり、多くの場合、単なる諦めの事柄でもあるのだが、最後までつきまとう問いでもある。さて、統合心の一面は、「意味と無意味を超える強さ」だといった。実際は、これは統合心の一面というよりは、統合心の底にある無心よりさらに奥の「創造的空」に触れて成り立つことである。創造的空の創造性が、意味と無意味を超えて人を生かし、耐えさせ、死なせ、生と死の受容にいたらしめる。それは創造とは、古いものを去らせ（死）、新しいものを来《きた》らせることだからだ。

最深の次元で創造性は、生と死、意味と無意味の対立を超えさせる。他方、そのいわば上の層にある統合の次元、さらにその上層にある自我（言語による区別の次元）では、生の意味と無意味、業績の質と量が量られる。しかし、それは相対的な事柄である。いったい自我の次元つまりこの世界では、業績は正確に量られ評価されるものではない。評価の基準は時代により風潮により集団により個人によって異なるものであり、人間は一般に他人の業績には冷たく無関心で、自分の得にならなければ、公に他人を高く評価などするものではない。気紛れな上に、「他人の利益は自分の損」という意識的・無意識的な感情が支配するのが常だからである。

公正で先駆的な言論は、独創的な業績と同様、貴重ではあるが稀であり、なかなか世に受け容れられないものである。したがって他人の評価を気にしだしたら自立・自律は失われる——とはいっても世の毀誉褒貶をまったく無視したら、人はとかく「独りよがり」になりがちなものではあるが。

自分の生は「創造的空」（神）のはたらきにもとづいて成り立つ、ということが納得できたときに、自分の生は元来それ以外ではありえないことが解り、自分の生が最深の次元では、価値・無価値を超えていることが解る。そのときに価値・無価値、意味・無意味が超えられるのである。終わりのない苦悩も耐えやすくなる。存在と非存在、生と死についても同様である。存在者も生者も、創造的空の創造性のなかで成り立ち、滅びるものだからだ。

2・3　統合心から始まる瞑想

統合心の一面からではなく、その全面から始まる瞑想がある。全体と部分とはどちらが先ということはない。両方揃って成り立つものだ。さて、統合心自体から始める瞑想について、そこで何が見えてくるかは、これまで統合ということについて語ってきたことの繰り返しになるから、ここで多言の要はないと思う。ただ一言しておきたいのは、統合心は自然であること、また多面的で常に一面だけを志向するというものではないがゆえに、それ自身が「無心」であるということだ。瞑想の過程としては、統合心の底には「自然」があり、自然の底にはやはり無心がある。それらを生むのは「創造的空」のはたらきである。自然が現実化する道筋としては、この過程の認識がよいといえるだろう。その底に現れる無心において、人為が消滅する。そのとき、「死」が「生体」の自然であることも見えてくる。生の過程は老化と死への過程でもあるからだ。

むろん統合は生だ。統合を問題にするとき、われわれはカオスを前提しつつ、統合という方向を求めるのである。しかしカオスは、創造的空の場にも姿を現す。二重の創造的空は、それぞれの仕方で、内にカオスを含む。そしてカオスを克服する統合作用に、我々は――イエスもそうだが――、我々が参加すべき神のはたらきを見る。しかし、それだけではない。古いものが滅び、新しいものが成り立つ創造的空の場のなかには、生だけではなく、死もある（『マタイ福音書』六章30節）。『マタイによる福音書』一〇章29節では、「死は神と無関係ではない」といわれる。死も古いものを超える創造的空の場のなかで起こるのである、我々はそれを受容しつつ、我々が参与すべき神のはたらきを生、つまり統合化の方向に見る。しかしそれは同時に、死を受容するということでもある（無心）。なお一言すれば、「殺」は生に対する犯罪であって決して赦されることではないが、「死」は自然である。この区別は、たとえば老人介護の場面で実際的処置をいかにすべきかという問題を発生させるけれども、基本的な区別ではある。

2・4　諸瞑想の結合――信・統合心・神

「統合心」の諸面から始まる瞑想、また統合心そのものから始める瞑想は、必ずしも別々になされるのではない。三者の結合、交差がありうる。いずれにしても無心、さらに創造的空にいたる。

統合心には諸面があるが、「きよらかなこころ」は実は統合心全体の属性である。だから「きよらかなこころ」はもともと「平和への願い」の一面だといえる。つまり、「きよらかなこころ↓静寂↓無心」と「平和への願い↓赦し・一切の受容」とが結合する。この結合は「平安」と言い換えることができる。

「平和・平安」（エイレーネー）は、新約聖書のなかでは手紙の挨拶の部分に多く用いられ、あたかも「お仕合わせに」というような単なる祝福の挨拶のように聞こえることがあるが、その内実は、各人のこころの事柄としての「静寂と平安」であり、また共同体にかかわる「平和」だとも理解される。「静寂と平安」とは――静寂を省略して単に「平安」ともいえるが――、ただの心理ではない内実をもつ「落ち着き」である。「静寂と平安」はこころの波風が収まり、現在と将来にかかわる不安や恐怖の消滅という意味での「無心」に通じる「落ち着き」である。さらにこの「落ち着き・無心」が、さらにその奥にある「創造的空」の産物だと知られるとき、「静寂な平安＝落ち着き」は単に心理上の事柄ではないことが知られる。実際上、こころの波風がまったく収まるときはない。しかし、暴風の吹き荒れる大海原の表面には大波がたっていても、深海は不動だということだ。瞑想は、このような不動の存在を知らせ、また不動に導くだろう。

さて、瞑想から立ち上がった「いま・ここ」での行動の場面では、「統合体形成」への方向を選び、統合体形成へと行動することになるが、統合も絶対ではない。統合の完遂である「終末」、「神の国の到来」はなかった。では結局、無意味かといえば、そうではない。結局、「神」（創造的空）への信には一切の受容が含まれるから、信のなかで「単なる自我」とその不安、苦悩、世界および人間に対する敵意、生きる上での無意味感・虚無感が消滅するのである。死の受容といってよい。その受容は世界への親しさを生む。相対的統合化への希望がある。それを平安といってもいいし、伝統的な用語を使えば、「神・世界・人間との和解」といってもいい。そこにいたらしめる瞑想は、信に始まり、信にいたらしめるといえる。

まとめ　実践について

統合体形成作用は実生活で生かされるものである。キリスト者は、統合作用をほかならぬ日常生活において実現させるものだ。特にプロテスタントの場合、実生活が信仰の表現である。また、実生活は普通の意味での「修行」でないとはいえ、信仰的訓練の場にもなりうるのである。この意味では、実践は瞑想より大切なものだ。実生活抜きの瞑想は、キリスト者にはふさわしくない。とはいえ、実生活では行動と瞑想の時との両方が必要であり、瞑想と行動とは車の両輪のようなものだといえる。

さて、それでは瞑想はいかにして実生活に生かされるか。といっても本書は、マニュアルを提供するものではない。繰り返し述べるように、「個」(極)の本質は「創造的自由」であって、なんらかの特定の内容をもつ規範の永続的・直接的支配の下にはない。要点は、読者には容易に推測できるだろうが、自我はいま・ここで「自己」を表現し、「自己」のはたらきに形を与えるということである、基本的順序をいえば、「創造的空→統合心の自覚→いま・ここの状況での・自我(「自己・自我」の自我)による相対的統合の具体化」ということである。

右の場合でも、普通は「可能な限り情報を集め、検討した上で行動を選択する」のだが、いきなり「自己」が直接にはたらくことがある。その典型は「善きサマリア人のたとえ」である。この人は倒れている怪我人を見つけると、「あっ、大変だ」と思い、気がついたらもう駆けつけて救助活動に入っていた。このような行動はまことに貴重であり、宗教的生の一つの典型である。しかし、人は一般に――特に現代のように複雑な状況下においては――、いつもこのように行動できるとは限らない。統合心から行動し、統合体形成を求めるとしても、熟慮を経て行動を選択する場合がある。

しかし、諸般の状況を勘案し過ぎることも稀ではない。結局は統合形成についての正しい意欲と知識とが生かされるとしても、特定の状況下で行動を選ぶについて、一方では何々をしたいという個人の意志、意欲があり、他方では集団の目的ないし目標があり、行動に際しては、法や倫理はもちろん、このような場合にはどうするものかという通念や仕来りもある。当人はさらに、目的遂行の努力が何をもたらすかだけではなく、自分の能力、特性、健康状態を考慮し、ある行動を選んだ場合、それが経済的にまた自分の生活にいかなる意味をもつか、自分の行動がかかわる他者がどう反応するか、所属する集団において自分の地位や役割がどうなるか、特定の行動を選んだ場合に自分の将来はどうなるか、等々を考え、要するに自分にとって有利か不利かを考え始める。するとその分だけ「統合体形成」は忘却されてゆくことがある。そして、この場合でも見通しはいつも不確実性を免れないから、やがては決断を延ばすか、大多数の他者のすることに従うようにもなる。

この世界は、統合など眼中にない自我中心的な個と個、個と統一、統一と統一とが争って、勝利と支配を求める場である。そのなかで「統合」を求めるのは――それが宗教者の自己実現であっても――、やはりなんらかの意味で自分を棄てることになる。さらに統合体形成については、たとえヴィジョンがあっても、具体的な形も結果も、簡単に見えてこない。しかし、そうばかりいっていたら何もできないから、できるところから始めるほかはないが、他人の協力を求めることになれば、そもそも儲かる可能性か、せめて確実な有意味性の見通しがなければ、人はなかなか集まらないものだ。個人も集団も、保身を第一に考えるからである。

それでは結局どうしたらいいのか、この世では不確実性は社会の本質に属し、動かそうにも一意的因果律はまず適用できないし、そもそも個人の行動には創造的自由があるから、これこれの場合にはこうせよ、ああせよというマニュアルは、冒頭にいったように、残念ながら存在しない。しかし、こうすれば必ずうまくいくというのではないが、行動の指針はまったくないわけではない。

それは結局、これが本書の結論であって、信と瞑想から出てくることだが、まず「創造的空」に触れて、世界と人間との無条件的受容（赦し）を基本とし、断固として真実を求め、いま・ここで求められる統合体形成作用の諸面を具体化することである。それは、「きよらかな、やさしいこころ、平和への願い、不利になっても真実を求め語る誠実さ、意味と無意味にも拘束されない創造的自由」から行動することでもある。

特に現代的状況では、世への奉仕も、「単なる自我」の行動に終わりがちな時代への警告も必要だが、まずはせっかく現代にこそ必要な真実をゆだねられているキリスト教会の革新が求められていると思う。

伝統的キリスト教会は真理への忠実を称して保身に陥り、自己改革の能力も意欲もなくして、消滅に瀕しているではないか。行動を選ぶについては、むろんできるだけ正確な知識と状況判断があるに越したことはないし、他人の思惑も無視できないが、こちらに重心をかけ過ぎると単なる自我の行動と選ぶところがなくなってしまう。創造的な宗教の革新、宗教的真実の探求と実践が——見通しは甘くはないが——、いまほど求められている時はないと思う。科学と技術を手にした単なる自我の文明は、人類を滅ぼしかねない。宗教の復権は、人類の将来を左右する鍵になるだろう。

終章　直接経験——仏教とキリスト教との一致と差異

直接経験については前章でも述べたが、以下ではその叙述を、幾分かは繰り返しつつ補って、仏教とキリスト教との一致と差異について言及しておきたい。

1　主‐客直接経験

主‐客関係での直接経験がある。これについて私はすでに繰り返し書いてきたので、ここでは要点を述べるにとどめる。それは言語による認知と規定以前の経験、すなわち言語に媒介されない直接の経験が現前することである。言語化以前といってもよい。言葉と、言葉によって語られ造形された現実およびそのイメージとが消失することである。これは、「私はいままで通念と通念的イメージとを、現実そのものと取り違えていた」という痛切な自覚を伴う経験である。

直接経験は純粋感覚といってもよいのだが、感覚といえば、通常は主体が客体の一部一面を感覚することだから、「感覚」といっても正確ではない。「直覚」というのは曖昧な言葉だが、直覚は人格の全体にかかわるという意味合いがあるから、こういったほうがいいかもしれない。問題は直接経験という語の「意味」ではなく、それが暗示する経験（この語も「感覚」同様に不正確だが）そのものである。

ここには――あえて言語化すれば――、感覚自体も、感覚への本能的・身体的反応も現前するのだが、その「言語化・知的造形」はない。実は「自」覚もない。「これは直接経験だ」という自覚はすでに反省（気づき）の産物である。自覚内容を表現する言葉はすべて反省の結果で、経験自身はあくまで反省以前、言語化以前である。そこには直接経験の事実があるだけだ。

さて、そこには言語はないが、自覚と反省が始まった時点で、その状態と内容を反省的に語れば、直接経験は主‐客の対立（自‐他の認知）以前であって、主もなく客もない。実は「ない」という「認識」もない。といっても、これはむろん虚無ではなく、反省的に語れば、言語化以前なら意識内在（感覚内容）が同時に意識超越（客体に由来する現実）だということである。それは「主‐客の一」だが、といっても、それは客体として定立される対象と、しらずしらずのうちに「客観的事実」として表象される「主体」が、客観的に「一」だということではない。それは「記述」ではなく、経験の「表現」として理解されるべきだ。反省の再開とともに「一」が主体と客体とに分かたれるのである。分離ではなく、区別である。「感覚」の全体が、意識内容であるままで、「外」に由来すると認知されるのである。

「庭の地蔵さんを歩かせてみよ」という古い禅の公案がある。答えは自分が立って歩くことだという。これは自‐他の「一性」の「表現」である。「私」が客観的に見て、地蔵様だとか、地蔵様になったとかいうことではない。むろん、ここには単なる直接経験の「一性」ではなく、すなわち地蔵菩薩を菩薩たらしめた「仏のいのち」が私を私たらしめているという「自覚」の表現でもあるだろう。その一性は自然との関係にも及ぶ。「山路来てなにやらゆかしすみれ草」(芭蕉)。「主–客場面での直接経験」は、「言語化された世界」と「言語化以前の現実ありのままとの違い」が、直覚的かつ明瞭に、明らかになる経験だといったほうが妥当かもしれないが、ここで重要なのは「違い」である。「違い」というのは、それまで「対象」は「語」の意味内容によって知られていたのに、いまや語の意味内容（記号内容）は現実のほんの一部一面に過ぎなかったという実感があるということだ。第一章で述べた、日常的知性による——つまりは自我がいま・ここで何を選択すべきかに役立つ——現実の造形、すなわち主客を分け、「わたし、またわれわれ」としての主体が、個・普遍、原因・結果、手段・目的というようなカテゴリーを使って現実を秩序づける、その営為が「人為」であることが、直接にわかる「経験」である。

とはいえ、言語化以前の場面で、対象が本当は何であるかを言葉でいえるわけはない。実感されるのは、山といわれるにせよ、木と命名されるにせよ、またほかの何にせよ、その内容は言語の記号内容、叙述の内容に尽きるものではまったくないということ、その直覚をあえて言語化すれば、まず現実は言語化された現実よりも無限に豊かなものだということ、内容についても関係についても奥行き（これは比喩）についても、言語によって語られえない「無限」を宿している、という実感である。まずは、「AはAであって、A以外のなにものでもない」という「一意的把握」が破れて、「個」とされているものは実は「極」であることが見えてくる。自分自身についても、日常言語の一意性に慣れ親しんでいた結果、「私は私であって、私以外のなにものでもない」と思っていた自己把握が失効して、人格の極性が見えてくる。非言語化が自分自身にも及ぶわけだ。「極」としての自分を動かすはたらきも見えてくる。するとこの把握は、第二章で述べた「統合」知につらなる。人間だけではなく、世界も統合に向かっていることが見えてくる。統合心の自覚は、後述の「自己・自我」の直接経験によるのだが、主－客の直接経験は「自己・自我」の直接経験に導きうるのである。

直接経験には重要な哲学的意味がある。それは「思考と存在とは別物だ」という直覚的認識である。すでに触れたように、西洋哲学（いわゆる観念論あるいは理性主義）は、「存在と思考は同一である」（存在は正しく考えられた認識通りに存在する、思考は存在を言い当てる）というパルメニデス以来の前提の上に立ってきた。しかしそれは間違いだ。思考は言語化された世界を秩序づけるが、言語化以前の現実は、言語化された現実とはまるで違う。存在と思考とは別物で、だからいかに必然性をもって考えられたことといえども、それが正しいかどうかを確かめるためには検証作業が必要である。

自然科学を正常に発展させたこの検証という方法論の正しさは、経験的に立証されてきたけれども、これは直接経験において明瞭に実感されることである。厳密に思考と存在とが同一であるといえるのは、論理学や数学のような、もともと思考の世界の事柄である。思考の世界では当然、正しく考えられたことは、思考世界内での存在理由と存在の権利とをもつ。たとえば、完全な円は経験的世界には存在しないが、思考の世界では「平面上での一点から等距離にある点の集合」

と定義されれば、数学的存在となり、経験世界内の形も「円とみなされる限りでは」円の性質をもつことになる。無理数や虚数、無限などについても同様である。

それだけに「思考と（経験的）存在は同一である」、「存在者は正しく考えられた通りに実在する」という「理性主義」は経験の世界では不当で、それが「直接経験」において明瞭になる。たとえば、いわゆる神の実在にかかわる「存在論的神証明」の欠陥もここにある。「神（絶対、完全者）の概念には必然的に『存在』の概念が含まれるから（神は必然的に存在であると考えられるから）神は実際に存在する」という「証明」は成り立たない。いくら「必然的に存在する」と考えられても、それだけでは実際に存在するという証明にはならない。我々の思考能力によって必然的に存在すると考えられるものが実際に存在するとは限らない。逆に、「存在しないと考えられるものは、実際に存在しない」ともいえない。いかなる理論にも実証が必要だ。私が観念論哲学（理性主義哲学）に別れを告げたのは「直接経験」以来のことである。

要は、直接経験とは言語が消失しているという意味での「無心」であることだ。これは「無心」の基本ともいえるだろう。ただし、この無心は瞑想中に達成されるとは限らない。最初は、真実を探求しながら営まれる日常生活のなかで、予期されずに起こるものである（兆候はあるのだが、本人には気づかれない）。ただ瞑想は自我の専制的活動を相対化してゆくから、直接経験の準備となることも事実であり（その期間は人によりさまざまである）、瞑想中に「無心」が現前することもある。それについて私は、瞑想とは別に、言語の本質と機能に関する省察が、言語化から脱却した直接経験の準備になると思っている。

2 「自己」の直接経験

通常私たちは、自分自身を概念化して理解している。他者についても同様だが、自分とは人間であり、男性であり、日本人であり、家庭では夫であり、父であり、これこれの教育を受けたのち、これこれの職業について、これこれの仕事をなし、業績を残し、家庭を守り、子供を教育しながら、さらにあちこちの集団や事業に関係し、社会一般また自分が属する集団においては、これこれの地位にあって役割を果たし、その結果としてこれこれの給付と評価を受け、認められ、あるいは気づかれず、無視されている。悪事も失敗も少なくないが、それは自‐他に隠している。自分が生まれた世界とはこれこれこういうもので、この宇宙、地球、世界、また日本の歴史はこれこれであり、自分が何をしたか、しなかったかという自分史はこれこれこういう内容のものであると理解している。他方、自分が何をなすべきかは、自分が置かれたさまざまな地平、そこにあって自分が属している集団での自分の位置と役割、そこで課せられている義務、さらにそのなかで自分が選んだ「自己実現」の道（それは往々にして社会的義務、また社会が自分に対して寄せる期待と衝突する）……によって定まっている、という具合である。これを突きつめて簡単にいえば、自分が何であるか、何をなすべきか、何として通用しているか、これらの中核はまずは名刺の肩書きに示されているというわけである。

もし以上のことが正しければ、「自分が何であるか」は、自分という個人、および自分が属する複数の社会での地位と役割にかかわることで、それらはことごとく言語で表現され、概念的に規定されているということになる。それらは換言すれば自分にかかわる情報（自我意識、自我イメージ）でもある。ところが言語（情報）は、「自分」という事柄についても、特定の時点での一部一面しか言い表していない。しかし社会も当人も、それが「自分」の真実であり、すべてであると思っているし、事実、日常生活では——はなはだ不正確、また一面的ではあるが——名刺の肩書きに示されるようなものとして「通用」している。だがそれは、全人格性を捉えてはいないし、なによりも言語化され概念化された自己理解は、「自己」を覆い隠すのだ。

「自己」とは、すでに何度も述べたが、その内容は自我のいわば奥の「統合作用」であって、身体性／全人格性を自我に媒介する機能である。ところが、自我が自分自身を言語化して理解するときは、「自己」は隠れてしまい、身体性も、主に欲望（生体を個また種として維持するのに必要な欲望）としてのみ自我に現れる。また、すでに述べたように、社会的通念に支配される自我は、さらに自分を社会のなかに位置づけ、自分からして自分の目標を定め実現しようとする。あるいは、保身を第一とする。それはエゴイスティックまたはエゴセントリックであることを免れない。

このような自我のあり方、生き方が、自我が欲するいわゆる「自己実現」（本書の用語ではエゴ実現といったほうが正しい）を求めてゆくうちに、行き詰まって崩壊し、「自己」が自我に現れる出来事がある。これは自我のそれまでの「自分理解」の消失であって、自我が身体／人格の全体性を直接に経験する出来事である。これを私は「自己・自我直接経験」と呼んでいる。これはパウロが「神の子が私のなかに現れた」(『ガラテヤ書』一章16節)という出来事であり、仏教が——自覚の局面に違いはあるが——、「悟り」と呼んでいることである(両者の違いについては後述)。そして「自己」の内容は、すでに繰り返し述べたように、第二章で述べた「統合心」である。ここで一言コメントしておきたいのは、主‐客直接経験が人間の「極」性を露わならしめて「自己・自我」直接経験につらなるように、「自己・自我」直接経験は、社会的に言語化され意味づけられた自分と「自己・自我」とは違うと気づくことによって、一意的言語また言語化一般の制約が露わとなり、主‐客直接経験に導きうるということである。

3 キリスト教的経験

自己・自我直接経験については、クリスチャンの求道の過程で起こる特徴的かつ典型的な出来事がある。既述のことに付加しつつ簡略に述べる。明治期に禁教令が廃止されてキリスト教が宣教されるようになってから、日本にもあらためてキリスト教会が成立した。そこには典型的な回心の例があり、いくつかは私も個人的に知っている。明治期以降の戦前には、まだ残っていた儒教的・武士道的倫理に、当時は倫理的に厳しかった欧米の倫理観も加わって、道徳主義があり、人格の完成は、道徳的完全だという信念があった。教会には——いまでもいるだろうが——、「神によって与えられた戒律を守る」という意味での道徳的完全を求める人々がいたのである。それは言語によって、「一意的に」言い表された「道徳律」を守ることであった。

これは道徳的キリスト教理解ともいえるものである。それには神信仰が先行する。たとえば、内村鑑三は札幌農学校に入ってキリスト教に接し、洗礼を受けたのだが、そのときの「回心」は伝統的な多神教から唯一神教への「回心」であった。内村は、神社があれば必ず拝礼を行うという煩わしさから解放されてほっとしたという。そして、そのときの神信仰の中心は、神が命じた道徳を忠実に守るということであった。いまでも少なからずの人の「神信仰」は、教義の信奉とともに、神に命じられた道徳的義務を果たすという内容のものである。ここでは、神は人間に対向する人格神であり、神との交わりは祈りと告白による。しかし、この場合――信仰が国教の場合のように、強制されたもので、「信者」が言葉による「教え」（宗教的情報）を守るだけの「単なる自我」である際は別だが――、実は神は単に対向する人格ではない。ちょうど、太陽に向かう人のように、神の支配力と恵みとに包まれていると感じるものである。この意味で、「人は神のなかにある」といえる。換言すれば、「人は神のなかにある」と――場所論的に――語られる祈りにも、「神」は同時に人格的対向者とされることがあるわけだ。

さて、内村は渡米してアマスト・カレッジで学ぶが、その折り、学長シーリーに導かれてキリストによる贖罪を信じて道徳主義を脱却し、厳密な意味での「キリスト者」となった。それ以来、内村は、「キリストが自分のなかに生きて、自分を生かす」という経験をもち続けるのである。こうして、贖罪信仰に導かれたこの経験は内村の信仰の中心となった。内村の経験では、「キリスト」は事柄上「神の子」であり、すなわち「自分のなかではたらく神」である。このような「あり方」は、「神が人のなかにある」と言い表されるが、ここで人と神との関係は単なる対向ではなく、「神と人との相互内在」ということになる。ところで、「私のなかに生きるキリスト」は——自我を超える現実でありながら——、それが「私ならぬ私である」という意味で自分だから、本書ではこれを「自己」と呼んできた。とすると、自我は単なる自我であることを止めて、「自己・自我」の自我となる。これが自我の正常なあり方にほかならない。「回心」という事柄をこのように捉えると、回心への道は、「私は神のなかに」という信仰的経験から、「神が私のなかに」という自覚にいたるといえる。そして、後者が前者の何たるかを初めて、明晰に示すのである。

キリスト教だけではなく、仏教にもパラレルな道がある。臨済禅の師家であった山田無文老師から直接にうかがった話だが、老師は病気療養中、「大いなるものに抱かれている」という実感をえた。しかし、それはまだ禅の悟りではなかった。禅者秋月竜珉はこれにコメントして、無文老師はこのとき、「宗教者」となったという。それはこの場合、「大いなるもの」はまだ自分の「外」にあって「自分」を抱いてくれている、と聞こえるからだろう。

無文老師はそののち、専門道場での修行中のある日、「あった！」と叫んで手の舞い足の踏むところを知らない喜びに溢れたという。これは、久松真一師の言葉を借りれば、「無相の自己」のはたらきに触れ、それが自分となったということだろう。秋月師はまたこれにコメントして、これは禅者山田無文の誕生だという。以上のプロセスにおいて、前者は「私が神のなかに」、後者は「神が私のなかに」に対応するといえる。

さて元に戻って、神に与えられた律法（生活上の規範である情報）を守る道は、良心的であればあるほど困難である。真摯に道徳的完全を求め、自分がどこまで達したかを監視し、結局は失敗を繰り返す自分の惨状を見ては「罪の意識」に苦しむ人を救うのは、教会（いわゆる無教会を含めて）が宣教する「イエス・キリストによる贖罪」である。神が求めるのは、道徳的完全ではなく、信仰である。「神の義」とは道徳的完全ではなく、神が求めること（信仰による義）をなすことだ。問題は「信仰」であって、道徳的完成ではない。道徳違反の罪は、罪なきイエス・キリストによる贖罪死によって赦される。それを信受する人は、「その信仰が義と認められる」ということである。こうして多くの人々が贖罪信仰によって救われた。そして、これらの人々は道徳的完全を求める努力から解放されて、「聖霊を受けた。キリストが私のなかで生きている。これからは、内なるキリストのはたらきを表出するまでだ」という「経験」をしたのであった。

以上が、本書でいう「自己・自我直接経験」に当たる。ここでいう「自己・自我直接経験」とは、信仰によって道徳主義を放棄したときに起こる「単なる自我の消滅」であり、「自己」（キリスト、本書の用語では統合心）が現れたこと、つまり当人に隠されていた人間の本性が直接に現れたことである。

すでに幾度も記述したことだが、新約聖書理解の面からいえば、パウロはたしかに法的な「贖罪論」を語る。それは、「人は神が命じた律法を犯して罪人となり、神の罰を受ける。しかし、その罪は、イエス・キリストによる贖罪死によって赦される」という内容のもの（『ローマ書』三章21–31節）である。しかし、実はパウロの本心は、「罪の支配から脱却して、キリストの恵みの下に入る」という、主体の交替にある（『ローマ書』六章6–8節、七章17、20節と『ガラテヤ書』二章18－20節とを比較せよ。すると同じ文型で「罪の支配」が「キリストの支配」に変わっていることがわかる)。それは律法主義的自我が滅びて、「私のなかでキリストが生きている」というあり方(自己・自我)に変わることだ。換言すれば、律法を完全に守っても(律法が禁じる、いかなる罪も犯さなかったとしても)、それでは――「単なる自我」は滅びていないから――救われない(『ピリピ書』三章4－9節)。それどころか、パウロは「文字は殺し、(聖)霊は生かす」という(『IIコリント書』三章6節)。ユダヤ教徒の誤りは、律法を完全に守れば神に義とされると考えたことにある。肝心なのは、なにが自我をはたらかせているか(単なる自我の努力か、わが内に生きる「神の子」か)ということだ、というのがパウロの真意である。

こうしてキリスト者パウロは、絶えず自分を見て評価することを止めた(『Iコリント書』四章4節)。ここでパウロは、「私は(もう)自分を裁くことはしない。私はみずから省みて、なんらやましいことはないが(日本聖書協会口語訳)、だからといって私は義とされ終えたわけではない。なんら裁きはキリストにゆだねるということだ」という。一言コメントしておくと、「私はみずから省みて、なんらやましいことはない」という口語訳その他多数の訳は間違いである。これでは自分を裁いて認可したことになるではないか。「省みてやましくない」と訳された原語シュノイダには自意識と良心の両義があるが、ここでは自意識を意味している。神を畏れてか、安心を求めてか、悦に入ろうとしてか、自分を眺めて評価し、他者と比べては一喜一憂する自意識は単なる自我の特徴だ。すべてをキリストにゆだねて「無心」になったパウロは、自意識からも自由になった。律法主義者は日々、律法遵守の可否を気にして一喜一憂する。キリスト者となったパウロは、律法主義から解放されて（『ローマ書』七章1－6節）、自分を眺めて誇ったり、悩んだりする自意識の地獄からも解放されたのである（『歎異抄』結文には「善悪のふたつ惣《そう》じてもて存知せざるなり」という親鸞の言葉が引用されている）。

「単なる自我」の作為と無心との違いについてはすでに触れたが、このことは「アコーンとヘコーン」の対立にも見られる（『Iコリント書』九章17節）。パウロは、「もし伝道をヘコーン（単なる自我の作為）として行っているのなら、自我に固有の等価交換の原則からしても（『Iコリント書』九章6－9節参照）、当然報酬をもらうけれども、自分は無心に（アコーン）、これを行っているのだから、伝道はキリストのはたらきを現実化しているまでだ（『ローマ書』一五章18節参照）。報酬はいらない」というのである。新共同訳その他は、アコーンを「強いられて」と解しているが、「伝道しなければ、災いだ」（同15節後半）というパウロが、なぜ「強いられて」伝道するだろうか。ここにも訳者の、「無心」についての無知が顔を出している。

問題の中心は、「律法主義を奉じる単なる自我」にあったのだ。ヨハネにおいても、「信仰によってイエスと一つになること」が中心である。ヨハネには贖罪論はない。キリストが光をもたらしたのに対して、律法は闇の原理である。キリスト以前は闇の世であり（『ヨハネ福音書』一〇章7－8節）、モーセが与えたマナ（律法）を食べた者は死んだ（同六章49節）。それに対して、キリストを信じる者は永遠の生命《いのち》を受けるというのである。要するに本書の用語でいえば、「単なる自我」が単なる自我であるままで何をしても、人間本来のあり方には到達できない。転換をもたらすのは「信仰」であって、それは実は単なる自我の行為ではなく、「自己」に由来する（浄土教では、「我が身に及ぶ弥陀の願力に由来する」という）。したがって、単なる自我の作為と律法主義的道徳主義とを放棄する信仰において、「自己・自我」というあり方が新しく成り立つのである。それに対して、単なる自我がいかに律法を完全に守ったとしても、「自己・自我」にならない限り、神によしとは認められない。これはイエスの律法主義理解でもあった（『ルカ福音書』一八章9‐14節前半。24節後半はルカによる付加である）。律法を守ったという業績にかかわる自意識、自分と徴税人とを比較して誇る優越感は、この「例話」に描かれている律法主義者が単なる自我であることを示している。単なる自我は、通念的・社会的に見ればいかに優れていようとも、宗教からは遠い。宗教の眼目は、単なる自我から「自己・自我」への転換にあるというのが、よく読んでみれば、新約聖書のメッセージなのである。

以上のように、言葉の世界から解放されて、言語情報（一般に通念）にもとづいて考え行動する単なる自我であることを止め、言語が表現する内的現実に直接に触れる仕方には、主‐客直接経験と自己・自我直接経験の二つがある。詳しくいえば、情報への固着からの解放には、「何であるか」を示す情報への固着からの解放（本書第一章）と、「何をなすべきか」を示す情報への固着からの解放（本書第二章）とがあり、それぞれが、それぞれの仕方での「自己」の実現・自覚に導くのである。一般的には、「情報への固着からの解放」と、「自己の現実化・自覚」とは結合しているのだが、区別することも可能である。ということは、既述のように、「主‐客直接経験→自己の自覚」にいたった人が、行為規範言語への固着（律法主義）からの解放をあらためて知ることが可能だし、逆に「律法主義からの解放→自己の自覚」にいたった人が、あらためて主‐

客直接経験、つまり「何であるか」にかかわる知的言語への固着からの解放を知ることもありうる。因みに私はここに仏教とキリスト教との対話実現への手がかりを見ている。なお、仏教とキリスト教とに共通することとして、情報への固着からの解放とともに、エゴイズムからの解放がある。情報依存への固着と、我執から離れることとは、自己の自覚（自己が現れること）と裏腹の関係にある。そして、瞑想はここから始まるものであると同時に、その深化でもある。

4　仏教とキリスト教について

仏教的な自己の自覚と、キリスト教的な自己の自覚は、本質的には同等だが、違いもある。それは、仏教の中心は「己事究明《こじきゅうめい》」にあって、私を私たらしめる最深の根拠に向かうのだが、キリスト教の中心は「キリストのからだとしての教会」形成であり、したがって自覚は「われわれの一員としてのわれ」の自覚である。これは人類の統合につらなる。したがって、キリスト教にも「己事究明」はあるが、「私」は共同体の一員としての「私」である面が強い。前者は「自分であること」に志向し、後者は関係性に志向するといえる。しかし、そうであっても、人間はもともと「自分であること」と「関係性」とをもつ「極」なのだから、仏教とキリスト教には、やはり触れ合う点があるわけで、それは前章で示唆したことでもある。なお、両者がそれぞれの意味で「自分であること」といっても、「自分」が実体化されているのでもないし、「関係性」が無視されているわけでもないことを明らかにしておくべきだろう。

4・1　縁起論と統合論

そもそも初期仏教において、悟りにかかわる四諦《したい》と八正道《はっしょうどう》と並んで、縁起と無我が説かれていたとされる。仏教の縁起論は我々の統合論と一致するところが多いので、若干の言及を加えると、『ミリンダ王と長老ナーガセーナの対話』（一世紀前後）には、個物は実体（他者によらず、自分自身のみによって存在する単一恒常の存在）ではなく、部分のまとまりであると説かれている（統合体と一致）。初期仏教の一派「説一切有部《せついっさいうぶ》」は、「思考と存在とは同一である」（パルメニデス）と説いたギリシャのエレア学派と似たところがあって、概念を実体化した（名詞の指示対象を実体とした）上で仏教理論を構築した。それに対してナーガールジュナ（龍樹）は、もしそうならば関係性一般が成立しなくなると反論して、存在者同士の相依・相関・相互前提を明らかにした。自己同一性は関係性のなかにしかないという大乗仏教の縁起論は、我々の「個は極である」と一致する。因みにこの場合、「空」とは縁起するものの「非実体性」のことである。大乗仏教的縁起論はさらに天台宗の教学において展開を見せる。ここでの詳論は不可能だが、たとえば縁起の構造は「一即多」だという。これは統合体が「まとまり」としては一であるが、部分は「多」であるのと一致する。

パウロによれば、キリストのからだとしての教会は、まとまりとしては「一」であり、部分は多である（『ローマ書』一二章4－5節、『IIコリント書』一二章）。ただ、パウロの場合、「一即多」は「キリストにおいて」（『ローマ書』一二章4節）成り立つ教会についていわれるのであって、ここに我々が「はたらきの場」（場としてのキリスト）を立てる所以がある。そして本書で示されたように、「神」と呼ばれる究極の「はたらきの場」が単なる空ではなく、「創造的空」なのである。

天台の教学はさらに「一念三千」をいう。これは部分において全体が現前し、部分は全体を表現するということである。この点には、統合体がコミュニケーションシステムであることが対応する。すなわち、それぞれの部分は相互的コミュニケーションを営み、フロント構造において他者を自分の一部へと変換するから、結局一部分は全体を宿し表現することとなる。たとえば、人体においては、脈や血液の成分が全身の健康・不健康を表現する。そもそも個々の細胞の核であるゲノムは、それぞれが身体の全体性を宿し、そこからクローンをつくることも可能なのだ。

華厳教学においては四法界《しほっかい》の説がある。それはまず事《じ》（存在者）と理《り》（空）とを分け、事は理によって成り立ちつつ理を表現し、事と事とは無限の相互浸透の関係にある、という。この点についていえば、統合論は、「事」に相当する「極」と、「理」に相当する「はたらきの場」とを立てる。ここで、場がはたらきの場であることが重要である。そうすると極は「場所」として場のはたらきを現実化し、つまり表現し（華厳では理事無碍《りじむげ》）、極同士はコミュニケーションシステムの一環として「無限の相互浸透」を営むのである（華厳では事事無碍《じじむげ》）。こうして極と場との関係は、華厳教学が説く「理、事、理事無碍、事事無碍」と対応する。

なお、華厳の場合、「重重無尽の相即相入」が説かれ、「事」同士は無限の相互作用と相互浸透を営みつつ、互いに主と成り、従と成り合うと説く。これもパウロが身体の諸部分は相互に必要とし合うと説き（『Iコリント書』一二章17－21節）、たとえば見るときには、全体が見るための態勢をつくることを含意していることに相当する。

華厳教学では「理」は空のことだとされるが、統合論は既述のように「はたらきの場」を立てる。「場」そのものは「空」だといえるが、「統合のはたらきの場のなかの極のまとまり」を考えたほうが、理事無碍（作用的一）も事事無碍（フロント構造）も考えやすいと思う。

また浄土宗の阿弥陀仏とキリスト教の「キリスト」との、ほとんど一致ともいえる対応は、よく知られている。ただこの場合、新約聖書に見られる「救済史」（神と民との契約・律法授与—律法違反に対する神の怒り—キリストによる贖罪—新しい神の民としての教会—終末）は浄土教と一致しない。よく一致するのは、共同体と歴史よりは、個々の信徒とキリストとの関係を語るヨハネ的神学である。禅宗における「単なる自我による存在の言語化」からの解放・自由と、新約聖書における「単なる自我による行為の言語化」からの解放・自由についてはすでに述べた。禅宗のモットーである「不立文字《ふりゅうもんじ》　直指人心《じきしにんしん》　見性成仏《けんしょうじょうぶつ》」はまさに統合論に、特にイエスについて当てはまるのである。不立文字は言語情報への固着からの解放であり、直指人心は自己・自我直接経験に、見性成仏は「神」（神・キリスト・聖霊）が「私のなかに」はたらくという自覚に、対応するわけである。

このように仏教とキリスト教（というより統合論）には深い一致がある。ただし、仏教は全体として「極」としての自分にかかわる「己事究明」（悟り）に徹し、キリスト教は人格共同体つまり「キリストにあって」形成される「キリストのからだとしての教会」（極のまとまりとしての統合体）を志向するという違いがある。ただし、キリスト教は教義主義に陥った。それは元来の表現言語を、記述言語と誤解したからであり、これはキリスト教においてはもともと「主‐客の直接経験」が希薄であり、宗教「言語」のイメージ化・実体化が精算されていなかったからである。イメージ化・実体化された表現言語が客観化され、したがって表現言語が記述言語に変質した。それがローマの国教となったキリスト教の教義主義である。この点での自己批判なしには、キリスト教の将来について悲観的とならざるをえない。

瞑想のレベルで見ると、以下のことが指摘される。統合心の一面である「きよらかなこころ」から出発して静寂、無心、創造的空にいたる瞑想は仏教的であり、「平和への願い」から出発して一切の受容（赦し）にいたる信、その社会的表現としての共同体形成はキリスト教的である。また創造的空にいたる瞑想はキリスト教的であり、仏教的でもある。統合論は両面を含んでいる。

終わりに

さて、本書で述べてきた「統合」は、言語面では、「それは何であるか」と「では、私は何をすべきか」の両方にかかわる。ただし、「何であるか情報」と「何をなすべきか情報」に直接依存することを排し、その根本にある「場のはたらき」（統合作用）の自覚からして、存在と行為とを理解することを、統合は求める。それについてはさらに、「自己」への無知からくるニヒリズムとエゴイズムとの自覚的克服がある。

回心とは、「自己」が現れて「私」となること、すなわち「単なる自我」ではなく、「自己」が「身体／人格としての私」の主体となることである。こうして「私」は「自己・自我」（場合によっては自己・自我の「自我」）となる。さて、「統合」は、その典型がパウロのいう「キリストのからだ」としての教会に見られるように、キリスト教的だが、それを「縁起」の面から見れば、仏教とも異質的ではない。

回心において、統合心が自覚される。瞑想とは――統合心の自覚にいたらせるのだが――、統合心の深層（創造的空）にいたる道でもある。創造的空の創造性に触れて虚無と無意味とが克服されるのである。「創造的空が私である」といえば、「無相の自己」（久松真一）との接点もあろう。

本書において私は、これこそが新約聖書の説く本来のキリスト教だという意味において、キリスト者として、キリスト者のために書いている。この意味でのキリスト教には、事実に反することは何もない。この立場からすれば、まず「信」によって「主体の転換」が起こったのちに、瞑想によって信を深めるのが基準的な道だと思われる。さらにそこで「統合体」の認識は、一意的言語の限界を示すことによって、「主－客直接経験」にいたらせることが可能である。ここでキリスト者は仏教を理解するにいたるだろう。「主－客直接経験」と「自己・自我直接経験」とは、「私はキリストのなかに」、「キリストは私のなかに」の自覚を深め、自然界のなかにはたらく「ロゴス」（これは伝統的キリスト教では十分に発展させられなかった）を認めて、「世界は神のなかに」さらに「神は世界のなかに」の認識を可能とする道でもある。それを示すのが瞑想論であった。

あとがき

本書は、前著『回心 イエスが見つけた泉へ』（ぷねうま舎、二〇一六年）の続編である。仏教との対話を背景とした私の仕事には三つの中心がある。一、新約聖書は何を語り伝えようとしているか（新約聖書神学）。二、それを現代の言葉で言い直したらどうなるか（哲学的神学）。三、そこにいたるにはどうしたらよいか（実践）である。

一の中心は「内なるキリスト」であり、二の根幹は「統合論」である。ところで、統合を超えて包むもの、イエスが神と呼んだものがある。「イエスが見つけた泉」である。本書では、これが「創造的空」と言い直されている。それゆえ、三の主題は創造的空とそれがもたらす創造的自由にいたる道、「省察・信・瞑想」である。二と三、特に三を書いたことで、伝統的キリスト教批判を含む私の研究は、私なりに一応完結したことになる。ようやく「伝道」への展望は開けたといってもよかろう。しかし、伝道また教会形成について、具体的に述べることはできなかった。老齢の私にはもう先がない。両著を出版してくださったぷねうま舎の中川和夫氏に感謝しつつ、諸賢による展開を願う次第である。

なお、最近欧米ではとみに盛んになっているのに、日本ではほとんど見られないキリスト者のための坐禅会が町田市の農村伝道神学校で開催されている。主としてドイツで活動している佐藤研氏（立教大学名誉教授、新約学専攻、三宝禅準師家）が指導に当たっている。関心のある方は、この農村伝道神学校に連絡されたい。

著者識

二〇一八年七月

八木誠一
回心 イエスが見つけた泉へ　四六判・246頁　本体2700円

八木誠一・得永幸子
終をみつめて　四六判・294頁　本体2500円
——往復書簡 風のように

佐藤　研
最後のイエス　四六判・228頁　本体2600円

佐藤　研
坐禅入門　禅の出帆　四六判・246頁　本体2300円

頼住光子
さとりと日本人　四六判・256頁　本体2500円
——食・武・和・徳・行

齋藤嘉文
跳訳 道元　四六判・248頁　本体2500円
——仏説微塵経で読む正法眼蔵

荒井　献・本田哲郎・高橋哲哉
3・11以後とキリスト教　四六判・230頁　本体1800円

山形孝夫・西谷　修
3・11以後 この絶望の国で　四六判・240頁　本体2500円
——死者の語りの地平から

坂口昌明
《魔笛》の神話学　四六判・240頁　本体2700円
——われらの隣人、モーツァルト

八木誠一

1932年生まれ．専攻，新約聖書神学，宗教哲学．東京大学とゲッティンゲン大学に学ぶ．文学博士（九州大学），名誉神学博士（スイス・ベルン大学）．東京工業大学教授，ハンブルク大学客員教授，現在，東京工業大学名誉教授．
著書:『新約思想の成立』（1963），『イエス』（68），『仏教とキリスト教の接点』（75），『覚の宗教』（久松真一との対話，80），『キリスト教の誕生——徹底討議』（秋月竜珉との対話，85），『パウロ・親鸞＊イエス・禅』（83），『宗教と言語・宗教の言語』（95），『新約思想の構造』（2002），『場所論としての宗教哲学』（2006），『イエスの宗教』（2009），『対談評釈　イエスの言葉／禅の言葉』（上田閑照との対話，2010），『〈はたらく神〉の神学』（12），『回心 イエスがみつけた泉へ』（16），『終をみつめて——往復書簡 風のように』（得永幸子との往復書簡）（17）ほか．

創造的空への道　統合・信・瞑想

2018年10月25日　第1刷発行

著　者　八木誠一《やぎせいいち》

発行者　中川和夫

発行所　株式会社ぷねうま舎
〒162-0805　東京都新宿区矢来町122　第2矢来ビル3F
電話 03-5228-5842　ファックス 03-5228-5843
http://www.pneumasha.com

印刷・製本　株式会社ディグ

ISBN 978-4-906791-96-5　Printed in Japan

人名・事項索引

ア　行

サ　行

タ　行

ナ　行

ハ　行

マ　行

ヤ　行

ラ　行